Siebenundneunzig

Kurzgeschichten
Emmi Schneider

Druck und Distribution im Auftrag der Autorin:

tredition GmbH, Heinz-Beusen-Stieg 5, 22926 Ahrensburg, Deutschland

Kontaktadresse nach EU-Produktsicherheitsverordnung:

impressumservice@tredition.com

ISBN Softcover 978-3-384-49133-6

ISBN E-Book   978-3-384-49134-3

Für all die tapferen Frauen da draußen, die sich täglich den Herausforderungen des Lebens stellen und damit die Gesellschaft zusammenhalten.

Inhalt

Der Zettel

Annegret, 49 Jahre

Zu den wenigen Erinnerungen, die ich wie einen wertvollen Schatz hüte, gehört ein kleiner quadratischer Zettel. Er ist nicht besonders schön anzusehen, hat weder einen von Kinderhand gemalten bunten Rahmen, noch steht ein kunstvolles Gedicht darauf geschrieben. Stattdessen wirkt der Rand sogar ziemlich schlampig, denn das Papier wurde eilig und ohne Sorgfalt aus einem Notizblock herausgerissen. Die Rede ist von jenen kleinen Blöcken, die zusammen mit Briefpapier, Couverts und einem Kugelschreiber meistens auf dem Schreibtisch in Standard-Doppelzimmern von Mittelklassehotels liegen und für schnelle Notizen gedacht sind. Was für mich zählt, und was mir den Zettel so unersetzbar wertvoll macht, sind die paar Worte, die handschriftlich draufgekritzelt sind. Sie sind ein Symbol für eine große Liebe, die mein Leben damals ganz schön auf den Kopf gestellt hat. Damit verbunden ist allerdings auch eine der schwersten Entscheidungen, die ich jemals zu treffen hatte. Ich hätte niemals gedacht, dass mich das Schicksal vor eine derart schwere Prüfung stellen würde. Aber wie das eben im Leben so ist, kommt es erstens anders als man zweitens denkt.

Vor einigen Jahren, ich hatte gerade meinen 44. Geburtstag gefeiert, habe ich mich im Internetchat in einen Mann verliebt, der in der Türkei lebte. Diese Liebe traf mich bis ins Mark und stellte meinen gerade erst gefundenen Lebensplan völlig auf den Kopf. Ich musste mir die Frage stellen, ob ich mein bisheriges Leben aufgeben und zu ihm in seine Heimat ziehen sollte. Aber erst einmal der Reihe nach.

Meine erste Ehe war nicht unbedingt unglücklich gewesen, aber eben auch nicht zu hundert Prozent glücklich. Wir hatten jung geheiratet und bekamen früh unsere beiden Kinder. Als wir uns nach fast 24 Ehejahren trennten, waren unser Sohn und unsere Tochter deshalb schon so gut wie erwachsen Wir trennten uns beinahe im Einvernehmen, denn wir hatten uns einfach auseinandergelebt. Es gab keinen großen Streit, keine Dramen und keine Katastrophen, und trotzdem tat die Scheidung weh. Viele meiner Freundinnen prophezeiten mir, dass ich jetzt erst einmal in ein tiefes Loch fallen würde. Aber das Gegenteil war der Fall. Ich konzentrierte mich voll und ganz darauf, mir mein eigenes Leben neu einzurichten und dazu gehörte vor allem auch meine Arbeit.

Meine Arbeit: Das war ein kleiner aber feiner Friseursalon, den ich nach der Trennung neu eröffnete und ihn nur mit Unterstützung einer Aushilfe ganz alleine stemmte. Friseurin war schon immer mein Traumberuf gewesen und der Sprung in die Selbstständigkeit machte mein berufliches Glück perfekt. Ich schuftete zwar jetzt viel mehr als zu der Zeit, in der ich in einem anderen Salon angestellt gewesen war, aber das machte mir nichts aus. Ganz im Gegenteil. Ich wusste ja, dass sich die Mühe lohnte, denn ich arbeitete jetzt nur für mich und für meinen beruflichen Erfolg. Nachdem ich durch die Scheidung auch finanziell schauen musste, wie ich über die Runden kam, ergab es sich ganz von selbst, dass ich meine volle Aufmerksamkeit auf den Salon richtete. Ich plante sogar, eine zweite Friseurin einzustellen und einen Home-Service anzubieten. Ich fühlte mich wie beflügelt, war voller Motivation und kümmerte mich mit viel Elan darum, mein neues Leben aufzubauen. Selbstständigkeit und Selbstbestimmtheit, das waren dabei die wichtigsten Punkte, die mich beschäftigten und um die sich alle meine Bemühungen drehten. Männer, eine neue Liebe, eine Affäre oder auch nur eine nette Bekanntschaft – das waren keine Themen für mich. Oft genug hätte ich die Möglichkeit gehabt, einen Mann kennenzulernen. Aber ich dachte gar nicht daran, mich wieder fest zu binden. Stattdessen fühlte ich mich frei und losgelöst von allen unliebsamen Verpflichtungen und diese neue Situation in meinem Leben genoss ich sehr. Deshalb ging ich immer ziemlich schnell auf Distanz, sobald mir ein Mann zu nahe kam.

Warum ich trotzdem auf diversen Singlebörsen im Internet unterwegs war, lässt sich leicht erklären. Irgendwo tief in mir drin wartete die Frau, der es gut tut zu flirten und ,wenn der Flirtpartner lediglich virtuell daran beteiligt ist, kann ja nicht viel passieren - so kann mir keiner zu nahe kommen und ich kann trotzdem meinen Spaß haben', dachte ich. Aber genau das war die Falle, die mir das Leben stellte. Denn wenn ich im realen Leben einen Flirt sehr schnell beenden konnte, fiel mir das im virtuellen Chat viel schwerer. Ich erkannte manchmal den Moment nicht, in dem ich im wirklichen Leben sofort die Reißleine gezogen hätte.

So kam es, dass ich mich viel zu oft, zu lange und vor allem zu intensiv immer wieder mit demselben Mann im Chat traf. Von Anfang an hatte er mich fasziniert. Er hieß Cem, war 45 Jahre alt, geschieden wie ich und sehr charmant. Da ich ja nur flirten und niemals ein reales Treffen vereinbaren wollte, achtete ich nicht auf den Wohnort. Und weil er seine äußerst charmanten Sätze in gutem Deutsch schrieb, kam ich auch nicht so schnell auf die Idee, dass mein perfekter Flirt in der Türkei lebte. Als ich es bemerkte, war es mir auch egal, denn wie gesagt, treffen wollte ich mich sowieso nicht mit ihm. Die Entfernung spielte keine Rolle.

Zwei Wochen lang schrieben wir uns fast täglich. Wir trafen uns abends im Chat, tagsüber bekam ich Mails von ihm aufs Handy.

Ich spürte, dass ich diesem Mann vertrauen konnte und der Gedanke, auch tagsüber von ihm etwas zu hören oder zu lesen, gefiel mir. Deshalb hatte ich ihm schon sehr bald meine Handynummer gegeben in der Hoffnung, dass er sich oft melden würde. Das tat er auch. Jeder Nachricht fieberte ich ungeduldig entgegen und ich ertappte mich dabei, dass ich mein Handy ständig bei mir trug, um auf Nachrichten von ihm sofort reagieren zu können.

Cem schrieb mir jeden Tag mehrere SMS und Mails. „Ich freue mich auf dich heute Abend", oder „Was machst du grad, ich denk an dich". Mit der Zeit wurden die Botschaften immer gefühlvoller. „Ach wenn du nur hier wärst", oder sogar „ich sehne mich nach dir", war da zu lesen.

Seine Aufmerksamkeiten gingen mir runter wie Öl. Ich genoss es, derart mit Worten verwöhnt zu werden und – oh Wunder – auch ich dachte eigentlich pausenlos an den Mann aus dem Chat, den ich nicht persönlich kannte, dessen Stimme ich noch nicht einmal gehört hatte und den ich trotzdem nicht aus meinem Kopf bekam.

Dann schickten wir uns Bilder aufs Handy und was ich sah, nahm mich sofort gefangen. Cem war ein dunkelhaariger, braungebrannter Mann mit kernigen Gesichtszügen, aber mit sanft dreinblickenden braunen Augen. Ein Südländer also, wie er im Buche steht. Er brachte mit überschwänglichen Worten seine Begeisterung über meine Fotos zum Ausdruck. „Wunderschön", war noch das Harmloseste, was er zu meinen Haaren, meinem Gesicht und zu meiner Figur sagte. Naja, ich war mit meinen damals 44 Jahren eine durchaus attraktive Frau. Da ich schon immer auf meine Figur geachtet habe, bin ich auch jetzt, zwanzig Jahre später, immer noch schlank. Auf meine weiblichen Kurven war ich schon immer stolz und Cem gefielen sie offensichtlich auch recht gut. Zumindest das, was ich ihm zu sehen erlaubte.

Das erste Telefonat war gleichzeitig der erste Schritt, der unseren Flirt aus der unverbindlichen Virtualität mitten hinein ins reale Leben führte. Eines Abends schrieb er mir im Chat, er wolle unbedingt meine Stimme hören. Er bat mich, ihn anzurufen oder ihm zu erlauben, dass er mich anruft. Wieder war ich von seinem feinen Gespür für mich begeistert. Obwohl wir ja schon lange gegenseitig unsere Handynummern hatten, rief er nicht einfach an, sondern fragte höflich.

„Ja", antwortete ich und es fiel mir auch gar nicht schwer, den nächsten Schritt zu wagen, denn noch immer war ich der Überzeugung, dass wir uns niemals persönlich gegenüber stehen würden.

„Hallo meine Schöne", das war seine ersten Worte an mich am Telefon. Mir blieb fast das Herz stehen. Seine Stimme traf direkt auf meine Seele. Sie klang warm, männlich, zärtlich, vielversprechend und sehr erotisch. Sein südländischer Akzent und alles andere, was ich von ihm wahrnehmen konnte, verdrehten mir auf der Stelle den Kopf.

„Hallo Cem", begrüßte ich ihn unbeholfen. „Wie geht´s dir?" Etwas Dümmeres ist mir nicht eingefallen, aber ich war dermaßen hin und weg, dass es nur für höfliche Konversation reichte.

„Jetzt, wo ich dich höre, geht es mir sehr gut". Seine Worte waren Balsam auf meiner Seele.

Wir telefonierten an diesem Abend volle zwei Stunden. Nach meinem ersten Blackout fand ich wie von selbst die richtigen Worte und auch er redete und redete. Er beantwortete meine Fragen, insbesondere danach, warum er so gut Deutsch sprach. Mit viel Wärme, Respekt und Sehnsucht in der Stimme erzählte er mir von seiner Kindheit und Jugend in Deutschland und wie schwer es ihm gefallen war, als seine Familie vor nicht ganz zehn Jahren wieder zurück in die Heimat gezogen war. Mehr erzählte er nicht von sich, nur noch, dass seine berufliche Situation ihn voll auslastete und er nun sehr glücklich in der Türkei lebte, ein Teil von ihm aber auch in Deutschland seine Heimat habe. Das alles gefiel mir sehr und ich verstand ihn gut, denn meine eigenen Wurzeln liegen auch nicht in Deutschland, sondern in Bosnien. Obwohl ich hier längst Fuß gefasst habe, fühle ich mich meiner ursprünglichen Heimat ebenfalls auf immer verbunden. Die eigentliche Sensation dieses Gesprächs war aber die Tatsache, dass wir so vertraut miteinander redeten, als wenn wir uns bereits seit vielen Jahren kennen und lieben würden.

Diesem ersten Telefongespräch folgten noch viele andere. Von nun an sendeten wir uns tagsüber Nachrichten via Handy und abends telefonierten wir stundenlang. Bis er eines Tages die Frage stellte, die ich insgeheim gefürchtet, aber noch geheimer eigentlich erhofft hatte:

„Wann sehen wir uns?"

„Wie stellst du dir das vor, uns trennen mehrere Flugstunden", versuchte ich noch einzuwenden, aber eigentlich wusste ich, dass wir uns regelrecht sehen mussten. Ganz leise in mir drin hörte ich eine Stimme, die mir sagen wollte, „sei vorsichtig, tu das nicht, bleib bei deinem Lebensplan". Gleichzeitig machte sich ein Prickeln breit, das ich seit vielen Jahren nicht mehr gespürt hatte und das jedwede Vernunft in die Schranken wies. Ich willigte nur allzu gern ein, als wir einen Treffpunkt in einem Hotel an der türkischen Riviera vereinbarten. Ich buchte sofort einen Flug und er, ganz Gentleman, zwei Einzelzimmer für ein Wochenende in einem wunderschön gelegenen Hotel. Nun konnten wir beide es kaum noch aushalten, bis wir uns endlich gegenüberstehen würden.

Als ich am Flughafen auscheckte und mit zitternden Knien durch die letzte Kontrolle ging, erkannte ich ihn sofort. Er stand gleich hinter dem Gate mit einem Blumenstrauß in der Hand und ließ seine Blicke auf der Suche nach mir über die Menschenmenge schweifen. Er erkannte mich in dem Moment, als sich unsere Augen trafen. Ich lief auf ihn zu und war froh, dass er mir entgegen kam, denn ich hatte das Gefühl, dass der Boden unter mir schwankte. Ohne irgendetwas zu sagen, fielen wir uns in die Arme. Lange standen wir so, eng aneinander geschmiegt, spürten die Nähe und die Wärme des anderen. Er hielt mich immer noch fest in seinen Armen, als er mich zum ersten Mal küsste. Uns war es egal, ob die anderen Menschen in der Flughafenhalle uns zuschauen konnten, in diesem Moment fühlten wir uns ganz alleine auf der Insel der Glückseligkeit. Als ich einen unsanften Rempler von einem vorbeihastenden Mann abbekam, tauchten wir aus unserer Versenkung auf und lachten.

„Komm meine Schöne", seine leise Stimme klang in meinen Ohren wie Samt. „Komm, wir fahren ins Hotel."

Wir fuhren das letzte Stück mit seinem Auto, das er in der Nähe geparkt hatte. Das kleine Hotel, das er ausgesucht hatte, war sehr romantisch. Die Dame an der Rezeption reichte uns die beiden Schlüssel, nicht ohne einen belustigten Blick auf uns zu werfen. Offensichtlich war ihr klar, dass wir das gesamte Wochenende lang nur eines der beiden Einzelzimmer nutzen werden. So war es dann auch. Kaum dass wir das erste Zimmer betreten hatten, fielen wir uns erneut in die Arme. Ohne auch nur einen einzigen Moment des Zweifelns ließ ich mich von ihm verführen.

Wir verbrachten den ganzen Nachmittag im Bett, den Abend, die Nacht und den ganzen nächsten Tag. Das Zimmer verließen wir nur, um ins nächste Restaurant zu gehen. Von der Gegend selbst bekamen wir so gut wie gar nichts mit. Ich fühlte mich wie in einem alles verdrängenden Rauschzustand, glücklich, schwerelos und frei, wie schon lange nicht mehr. Von einem so tollen Mann derart begehrt zu werden, war für mich eine umwerfende Erfahrung. Ich genoss die Stunden, Tage und Nächte mit allen Sinnen und als es am Sonntagvormittag darum ging, den nächsten

Flug nach Hause nehmen zu müssen, fiel mir die Trennung unsagbar schwer. Aber es nützte ja nichts. Ich hielt mich an den Plan und flog schweren Herzens nach Hause.

Als ich daheim meinen Koffer auspackte, fand ich eine Nachricht von ihm, die er mir unbemerkt in den Koffer geschmuggelt haben musste.

„Komm bitte wieder, C.", stand da und mir kamen die Tränen, als ich den kleinen Zettel, abgerissen vom Notizblock aus dem Hotelzimmer, immer und immer wieder las. Ja, ich wollte ihn wiedersehen, aber gleichzeitig war mir klar, dass unsere Beziehung nun Ausmaße angenommen hatte, die weit über einen Flirt hinausgingen. Ich musste mich nun entscheiden, ob ich den Kontakt hier und jetzt abbrechen würde oder ob ich den Rausch der Gefühle und der Sinne noch eine Weile genießen möchte. Dass ich schon bald vor ein noch größeres Problem gestellt werden würde, ahnte ich noch nicht.

Zunächst nahm Cem mir die erste Entscheidung ab, denn er kündigte sich zu Besuch bei mir an. Natürlich nur, wenn ich wollte und einverstanden sei. Selbstredend war ich das, und ich sagte schneller zu als ich denken konnte. Schon zwei Wochen später stand er dann vor meiner Tür, wieder mit Blumen in der Hand. Meinen Salon hatte ich zwei Tage lang meiner Aushilfe überlassen. Wieder genossen wir die wenigen Stunden, die wir gemeinsam hatten wie in einem einzigen Sinnestaumel und wieder fiel es uns beiden unglaublich schwer, uns am Ende der vereinbarten Zeit wieder voneinander zu verabschieden.

„Willst du nicht ganz zu mir kommen?" fragte er leise beim Abschied. Ich verstand erst nicht, was er meinte. Als mir klar wurde, dass er mich soeben gefragt hatte, ob ich meine Existenz, meine Familie, meine Freunde, einfach mein gesamtes Leben für ihn und unsere Liebe aufgeben wolle, wurde mir schwindlig.

„Ich weiß nicht", antwortete ich spontan und ehrlich. Sein Blick drückte seine Enttäuschung aus, er hatte sich wohl eine andere Antwort erhofft, aber ich konnte ihm in diesem Moment keine andere geben. Ich war aufgewühlt und verwirrt. In diesem Zustand konnte ich keinen klaren Gedanken fassen, aber genau das wäre notwendig gewesen, um mir über die ganze Tragweite der Frage im Klaren zu werden.

„Lass uns morgen Abend telefonieren", beruhigte er mich. „Auf Wiedersehen, mein Herz." Ich schaute seinem Taxi zum Flughafen nach, bis ich die Rücklichter nicht mehr erkennen konnte. Ihn zum Flughafen zu bringen, schaffte ich einfach nicht. Mir war klar, dass dieser Moment das Ende unserer Beziehung oder aber auch der Anfang eines neuen Lebens sein könnte. Und mit dieser Erkenntnis fühlte ich mich völlig überfordert.

Für denselben Abend verabredete ich mich mit meiner Tochter. Wir waren und sind nicht nur Mutter und Tochter, sondern auch beste Freundinnen. Zwar ist es meistens sie, die sich einen Rat von mir holt, aber diesmal war es umgekehrt. Als ich ihr beichtete, dass ich einen Mann kennengelernt hatte, schmunzelte sie zunächst. Sie gratulierte mir sogar und war dann ganz gespannt, was ich ihr erzählen würde. Als ich dann aber ins Gespräch brachte, dass ich eventuell in die Türkei auswandern würde, meinen Salon und meine Familie hier zurücklassen, um für immer in einem fremden Land mit einem Mann zu leben, den ich – ganz ehrlich beurteilt – ja nicht einmal richtig kannte, wurde sie ganz still. Sie ließ mich in aller Ruhe ausreden, ohne mich zu unterbrechen.

„Was würdest du davon halten, wenn ich in die Türkei auswandere?", fragte ich sie ganz zum Schluss meiner langen Erklärungen und Erzählungen. Mir war vor der Antwort bang, gleichzeitig hoffte ich, dass sie mir die Entscheidung abnehmen würde. Natürlich tat sie das nicht.

„Das musst du ganz alleine wissen", antwortete sie ruhig. Ich glaubte aber, einen leisen Vorwurf in ihrer Stimme zu hören. Als sie weiter sprach, bestätigte sich mein erstes Gefühl. „Ist dir eigentlich klar, dass du uns hier alleine lässt?". Ihre Stimme wurde lauter. „Und was ist mit deinem Salon? Du wirst doch nicht ernsthaft glauben, dass du dir nochmal eine selbstständige Existenz aufbauen kannst, wenn du in der Türkei scheiterst und wieder zurückkommst. Die Sache könnte ja schiefgehen und dann stehst du vor dem Nichts!" Sie machte eine kurze Pause, redete aber gleich weiter. „Du sprichst doch überhaupt kein Türkisch. Das heißt, du kannst dort auch nicht arbeiten oder sonst irgendwie was verdienen. Du wirst voll und ganz auf diesen Mann angewiesen sein."

Ihr Entsetzen war nicht zu überhören. Sie seufzte. „Das kann doch alles nicht dein Ernst sein!" Sie rollte die Augen dabei, und gab mir zu verstehen, was sie von der ganzen Sache hielt. Nichts! Tja und dann kam die Frage, auf die ich noch gar nicht gekommen war: „Warum eigentlich du? Warum bricht nicht er alle Zelte ab und kehrt nach Deutschland zurück, wo er doch hier aufgewachsen ist und außerdem die Sprache perfekt spricht?" Sie machte eine Pause, wohl um das Gesagte wirken zu lassen.

Offenbar konnte sie an meinem Gesichtsausdruck erkennen, dass ich diesen Gedanken bis zu jenem Moment noch nicht im Kopf hatte. „Er hätte es doch viel leichter als du. Das wird schon so ein Macho sein", schimpfte sie weiter. „Also wenn du es genau wissen willst, ich halte von der ganzen Sache gar nichts und von deinem Lover auch nicht – basta!"

Sie lehnte sich zurück, verschränkte die Arme vor der Brust und blickte mich finster an. Ihre Wangen waren gerötet, die Augen funkelten vor Zorn. So kannte ich meine Tochter, so sah sie aus, wenn mit ihr nicht mehr weiter über ein Thema diskutiert werden konnte. Sie ging an dem Abend auch bald nach Hause. Es war aus ihrer Sicht alles gesagt.

Einige Tage und vor allem einige unendlich lange Nächte quälte ich mich mit der Entscheidung. Cem bat ich, nicht anzurufen, bevor ich selbst eine Antwort auf die Frage gefunden hatte, was ich denn eigentlich wollte. Da gab es viel mehr, woran ich denken musste. Es ging nicht nur um Liebe und Leidenschaft, um spontane Entschlüsse und um Abenteuer. Es ging auch darum, dass ich meine erst neu gewonnene Freiheit seit der Scheidung schon wieder aufgeben sollte – für einen Mann, der offensichtlich tatsächlich nicht in Erwägung zog, was er dazu beitragen könnte, damit wir zusammenleben können. Aus den langen Gesprächen vorher wusste ich, dass er in Deutschland eine Ausbildung zum Buchhändler gemacht hatte und nun in seiner Heimatstadt eine gutgehende Buchhandlung führte. Wie ich war auch er gerade dabei, beruflich zu expandieren. Er plante, weitere Filialen in anderen türkischen Städten zu eröffnen – und offensichtlich dachte er nicht im Traum daran, seine Pläne aufzugeben. Klar, wer sollte das denn besser verstehen als ich? Wir waren beide zumindest beruflich in einer ganz ähnlichen Situation. Wer von uns sollte denn nun sein Leben aufgeben und den Sprung ins kalte Wasser wagen? Es gab aus meiner Sicht noch viele Fragen zu klären, bevor eine so wichtige Entscheidung getroffen werden konnte. Und so fasste ich mir endlich ein Herz und rief ihn an.

„Wie hast du dich entschieden?" Er kam sofort zur Sache.

„Noch gar nicht, ich möchte dich erst noch was fragen", gab ich zur Antwort. „Würdest du auch zu mir kommen? Ich meine ganz? So wie du es von mir erwartest?"

Es wurde still am anderen Ende der Leitung. „Ich kann nicht, meine Schöne", er machte eine kleine Pause, in der er schwer atmend zu hören war. „Meine gesamte Familie ist hier in der Türkei. Meine Eltern, mein Bruder mit Familie, meine Tochter. Du weißt doch, dass ich schon einmal verheiratet war und eine Tochter habe, sie geht noch zur Schule."

Nein, das wusste ich noch nicht. Wie Schuppen fiel es mir von den Augen, dass wir die ganze Zeit nur über mich gesprochen hatten. Alles, was ich von ihm wusste, hatte sich in seinem Leben in Deutschland abgespielt. Was ihm seit der Rückkehr der Familie in die Türkei alles widerfahren war, darüber hatte er fast nichts erzählt, mit einer Ausnahme und das waren seine Geschäfte. Sein Privatleben hielt er bedeckt. Das wurde mir jetzt deutlich bewusst. Meine Verliebtheit hatte wahrscheinlich dazu geführt, dass mir das vorher gar nicht aufgefallen war. Zu sehr war ich davon eingenommen, wie viel ich ihm über mich und meine Vorlieben, über meine kleinen und großen Sorgen, meine Wünsche, Träume und Hoffnungen, aber auch über meine Ängste und Befürchtungen erzählen konnte. Aber der Mann, für den ich beinahe alles geopfert hätte, was mir heilig war und ist, hatte über sich und seine Lebensumstände nicht viel erzählt – nicht genug für mich. Mit einem Schlag wusste ich: eigentlich war er mir fremd. Diese Einsicht tat weh, aber sie half mir bei meiner Entscheidung. Ich liebte ihn. Aber er war ein Mann, der es offensichtlich gewohnt war, dass sich jeder Mensch nach ihm zu richten habe. Er wollte mich in seinem Leben haben, das nahm ich ihm auch ab. Aber ich sollte mich in seinen Alltag integrieren, ohne dass er etwas ändern wollte. Mir war klar, dass ich auf Dauer mit diesem Charakterzug nicht zurechtkommen würde.

„Ich kann nicht zu dir ziehen, Cem", sagte ich mit aller Bestimmtheit, die ich mit meiner zitternden Stimme aufbringen konnte. Es kam keine Antwort von ihm und so nutzte ich die Chance, um weiterreden zu können. „Ich liebe dich, aber ich bleibe lieber hier. Vielleicht können wir eine Fernbeziehung führen, denn aufgeben will ich dich nicht." Ich musste tief durchatmen, nachdem ich das gesagt hatte und ich war stolz auf mich, denn in der Vergangenheit hatte ich im Streitfall meinen Standpunkt selten so klar vertreten können. „Ich kann aber auch mein Leben hier nicht aufgeben. Meine Kinder, meinen Beruf … nein, das schaffe ich nicht."

Seine Antwort kam nach der kleinen Schrecksekunde sehr schnell. Zu schnell für meine Begriffe. Scheinbar ohne zu überlegen, dafür aber umso deutlicher sagte er mit fester Stimme: „Das geht nicht. Entweder du ziehst zu mir oder wir müssen uns trennen. Eine Fernbeziehung kann ich mir nicht vorstellen." Offensichtlich hatte er mit meiner Absage gerechnet oder aber er hatte sich zumindest für diesen Fall gleich seine Einstellung dazu zurechtgelegt.

Ich konnte nichts sagen, denn ich spürte die ersten Tränen aufkommen. Sie schnürten mir den Hals zu und sorgten dafür, dass ich einfach nur stumm zuhörte, als er sich leise und zärtlich von mir verabschiedete.

Die nächsten Wochen waren schwer. Immer wieder schaute ich hoffnungsvoll aufs Handy oder in mein Email-Postfach. Wenn zu der Uhrzeit, zu der wir unsere Ferngespräche geführt hatten, das Telefon klingelte, kam Hoffnung auf – sie wurde jedes Mal enttäuscht. Aber Schritt für Schritt kam ich aus dem Loch wieder heraus, in das ich nach der Trennung gefallen war. Vor allem war mir bei all dem Kummer sonnenklar, dass ich mich richtig entschieden hatte. Das letzte Quantum Zweifel verflog mit einem großen Knall, als mir meine Tochter kurz darauf mit leuchtenden Augen erzählte, sie sei schwanger. Welche Freude! Ich konnte mein Enkelkind aufwachsen sehen und meine Tochter konnte ich jeden Tag mit Rat und Tat unterstützen. Ich bereue meine Entscheidung keine Sekunde. Aber den Zettel, den mir Cem bei unserem ersten Treffen in seiner Heimat in den Koffer geschmuggelt hatte, hüte ich wie einen Schatz. Er gehört zu den wertvollsten Erinnerungen meines Lebens. Manchmal, wenn mich die sehnsuchtsvolle Erinnerung überkommt, nehme ich ihn in die Hand und drücke ihn an mein Herz.

In Erinnerung an Carla, 83 Jahre

„Da ist ja das alte Halstuch! Ach Gott, das gibt's ja immer noch!" Beate hält das fadenscheinige Stück Stoff in den Händen und kann es nicht glauben. Dieses zerschlissene Tuch hat ihrer Mutter immer so viel bedeutet. Beim Ausräumen des Zimmers im Pflegeheim, in dem ihre Mutter Carla die letzten Jahre bis zu ihrem Tod verbracht hatte, waren Beate bereits einige Erinnerungsstücke in die Hände gefallen, so auch dieses Tuch und nun hat sie die traurige und schwere Aufgabe, Entscheidungen zu treffen. Entscheidungen darüber, welche dieser Erinnerungsstücke es wert sein könnten, aufbewahrt zu werden und welche den Weg in den Container finden müssen. Sie will das blaugrünkarierte Tuch schon wegwerfen, da kommt ihr das Gespräch mit ihrer Mutter in den Sinn, das sie beim Einzug in das Alten- und Pflegeheim vor zwei Jahren geführt hatten.

„Mutter, dieses alte Tuch willst du doch wohl nicht auch noch mitnehmen?!" Beate erinnert sich, wie genervt sie bei ihrer Frage war. „Was willst du denn damit? Du weißt doch, dass du im Altenheim nur eine einzige Kommode haben wirst, in der du deine Sachen aufbewahren kannst. Und die ist schon voll mit Wäsche und anderen Dingen."

Ihre 83jährige Mutter sträubte sich und griff nach dem Tuch, das Beate in der Hand hielt, bereit, es achtlos in den Müll zu werfen. „Nein, das bleibt. Gib das her. Das Tuch muss mit!" Derart trotzig hatte Beate ihre Mutter Carla selten erlebt und sie wusste, dass in solchen Momenten jeder Widerspruch zwecklos war.

„Was ist das überhaupt? Ein Taschentuch? Niemand benutzt heute mehr Stofftaschentücher und wenn du unbedingt darauf bestehst, hast du doch viel schönere. Mit Spitzenrand. Dieses zum Beispiel." Als ob sie damit ihre betagte Mutter überzeugen könnte, hielt sie ein feines so genanntes Damentaschentuch in die Luft und wedelte damit herum. Beate konnte einfach nicht begreifen, wieso sie das schäbige Tuch in den Koffer packen sollte und hielt der Mutter stattdessen noch mehr umhäkelte Taschentücher entgegen.

„Na gut", lenkte Beate ein, als sie den erschrockenen und gleichzeitig trotzigen Gesichtsausdruck ihrer Mutter bemerkte. „Aber dafür, dass ich dir das olle Ding fürs Pflegeheim einpacke, musst du mir schon eine gute Geschichte erzählen, die mich überzeugen kann."

Seit Beate denken konnte, bewahrte die Mutter das alte, labbrige Tuch auf. Für ein Taschentuch war es eigentlich zu groß, es war früher mal bestimmt ein Halstuch. Getragen hatte sie es nie, oder zumindest konnte sich Beate nicht daran erinnern, es jemals an ihrer Mama gesehen zu haben. Es war ursprünglich wohl auch eher für einen Mann gedacht. Der grobe Stoff war an einigen Stellen sogar schon fast zerschlissen und so dünn und abgewetzt, dass man ohne Mühe hindurchschauen könnte. Die Farben waren bestimmt früher kräftiger gewesen. Jetzt ist von dem blaugrünen Karomuster nicht mehr viel übrig. Warum um alles in der Welt hing ihre Mutter so stark an diesem alten Tuch, das ihrer Meinung nach nicht mal mehr zum Putzlappen taugte?

„Hör zu, Beate", begann ihre Mutter. „Setz dich, ich erzähle dir, warum mir das hier so wichtig ist", dabei hielt sie das Tuch fest in beiden Händen und drückte es an ihr Herz. Beate erinnert sich heute ganz genau an den sehnsuchtsvollen Blick, den sie an ihrer Mutter vorher niemals gesehen hatte.

„Da bin ich jetzt aber gespannt", lenkte Beate damals ein. „Ich kenne das Tuch aus früheren Zeiten, du hast es immer in deiner Wäscheschublade aufbewahrt. Eine Ewigkeit lang. Seit wann hast du es denn eigentlich? Gehörte es Papa?" „Nein, nicht Papa. Aber einem Mann, der mir auch sehr wichtig war in meinem Leben, obwohl wir uns nur kurz kannten. Ganz kurz. Zwei Wochen nur. Und das war lange vor deiner Zeit." Carlas Augen nahmen einen versonnenen Ausdruck an und Beate spürte wieder die Wehmut, die sich in ihrer Mutter breit machte.

„Es war Krieg", begann Carla zu erzählen. „Im letzten Kriegsjahr war ich 17 Jahre alt. Bei einem verheerenden Bombenangriff wurde das Haus, in dem ich mit meiner Mutter und den zwei jüngeren Brüdern mehr hauste als wohnte, fast vollständig zerstört. Was man so hörte, sollte diese Bombennacht nicht die letzte gewesen sein. Die Bevölkerung hatte nichts Gutes zu erwarten und so beschloss Mutter, zusammen mit uns Kindern aufs Land zu flüchten. Dort hatten wir entfernte Verwandte und wir hofften, dort unterkommen zu können. Wir packten unsere wenigen Sachen, die übrig geblieben waren, in ein Bündel und machten uns zu Fuß auf, um die Stadt zu verlassen. Wir waren mehrere Tage unterwegs, bis wir endlich das Dorf erreichten, wo wir uns Unterkunft und Schutz erhofften. Die Verwandten waren allerdings nicht besonders begeistert, als wir zwei Frauen mit den zwei Jungs ausgehungert, erschöpft und zerlumpt vor der Tür standen. Noch vier Mäuler mehr zu stopfen? Wo man selber nicht genug hatte und keiner sagen konnte, wie es in der nächsten Zeit weiter gehen konnte! Nein, das ging nicht, soviel war klar. Aber verhungern wollte man uns dann auch nicht lassen. Wir haben uns auf die dünne Suppe gestürzt wie die Tiere, und danach gab es auch noch für jeden einen Kanten Brot. Wir fühlten uns wie im Schlaraffenland. Dann bekamen wir auch noch Wasser zum Waschen und in den Truhen fanden sich auch Kleider, die einigermaßen passten. Zum Schlafen durften wir uns in eine Kammer zurückziehen. Dort gab es zwar keine Betten, aber auf Strohsäcken zu schlafen war in dieser Situation das Beste, was zu bekommen war.

Wenige Tage später rief die Bäuerin mich und meine Mutter zu sich. „Ihr könnt nicht alle hierbleiben", begann sie ohne Umschweife. „Ich habe nicht genug, um euch alle zu versorgen. Deine Jungs können sich ihr Essen verdienen, indem sie hier mithelfen und du kannst als Magd arbeiten", sagte sie in barschem Ton zur Mutter. „Aber deine Tochter, die Carla, die soll zum Nachbarn gehen, zum Bachinger Hof. Dort hat die Bäuerin auch dringend eine Magd nötig."

Und so kam ich auf einem anderen Bauernhof unter. Ich war trotzdem froh, denn ich konnte in der Nähe meiner Brüder und meiner Mutter sein. Vor allem war ich trotz der Umstände sogar fast glücklich, denn ich konnte für meinen eigenen Lebensunterhalt sorgen und damit war ich nicht auf Almosen angewiesen.

Die Zeit verging schnell. Jeder Tag war voll mit Arbeit, es gab kaum Pausen, aber immer genug zu essen. Ich war zufrieden, soweit es die Umstände erlaubten. Denn eigentlich wartete damals jeder auf die erlösende Nachricht vom Ende dieses schrecklichen Krieges.

Nach wenigen Wochen auf dem Hof kam ein Brief, der die Bäuerin in helle Aufregung versetzte. Ihr Sohn war als Soldat verletzt worden, hatte gerade einige Wochen Lazarett hinter sich und bevor er wieder in den Krieg ziehen musste, gewährte man ihm zwei Wochen Heimaturlaub! Ich bekam den Auftrag, die Kammer des Jungbauern herzurichten und anschließend sollte ich in der Küche helfen, denn Johann sollte mit dem Besten verwöhnt werden, was es in der damaligen Notzeit gab.

Die anderen Mägde und Küchenhilfen tuschelten. Manche kannten Johann vor der Zeit als Soldat. Andere wiederum waren erst nach Kriegsausbruch auf den Hof gekommen, so wie ich. Als Johann dann endlich eintraf, stand der ganze Hof Kopf. Aber anstatt sich über die vielen Willkommensgrüße zu freuen, wollte er sofort in seine Kammer, vorher ein paar Bissen essen und dann erst einmal zur Ruhe kommen.

Ich habe ihn nur kurz zu Gesicht bekommen. Als ich ihn sah, musste ich an Vater denken. Ob er auch so ausgemergelt war? Ich konnte nicht lange darüber nachdenken, denn ich bekam schon wieder die nächste Aufgabe übertragen. Ich sollte für das Wohl ihres Sohnes zu sorgen. Das machte ich sehr gerne, denn ich hoffte, dass es irgendwo auch für meinen Vater jemanden gab, der sich ein bisschen um ihn kümmerte. Ich klopfte daher schon bald an die Kammertür und fragte, ob der junge Herr vielleicht ein Bad wünsche? Oder ob er Hunger habe? Oder ob er eine weitere Decke bräuchte? Eine warme Suppe vielleicht oder einen Tee? Es kam keine Antwort, aber ich gab nicht auf. Ich war fest entschlossen, der Familie, die mich aufgenommen hatte, etwas zurückzugeben und ließ daher nicht nach, immer wieder an Johanns Tür zu klopfen – bis diese endlich geöffnet wurde.

Vor mir stand ein müder, aber strahlender junger Mann. Ich schätzte ihn nur wenige Jahre älter als ich selbst war, 19, höchstens 20. Er war groß und dünn. Man sah ihm an, dass er schlimme Erlebnisse hinter sich haben musste. Von der Beinverletzung war ebenfalls noch einiges zu erkennen. Zwar trug Johann lange Hosen, und es war daher keine Wunde oder Narbe zu sehen. Aber so krumm wie er vor mir stand, war klar, dass er das verwundete Bein noch nicht voll belasten konnte. Sein hageres Gesicht hatte für sein jugendliches Alter zu viele Falten. Die schrecklichen Kriegserlebnisse der vergangenen Monate spiegelten sich darin. Trotzdem war es ein Gesicht, in das ich gerne schaute. Das lag vor allem an den braunen Augen, die sich fast etwas belustigt nun auf mich richteten. Sofort fiel mir das Tuch auf, das er lässig um seinen Hals geschlungen hatte. Es war nämlich in meinen Lieblingsfarben grün und blau gehalten. Ob er Halsschmerzen hatte, oder ob er es einfach mochte, wenn sich ein wärmendes Stück Stoff um seinen Hals legte? Ich dachte den Gedanken nicht zu Ende, denn sein gesamtes Erscheinungsbild nahm sofort wieder meine ganze Aufmerksamkeit ein. Einen Daumen am Hosenträger, die andere Hand noch am Türgriff stand er lässig da und strahlte mich an. „Ich brauche nichts, schöne Maid. Allerdings könntest du mir sagen, wer du bist. Ich kenne dich nicht. Seit wann bist du denn auf unserem Hof?" Seine Stimme klang heiter, fast fröhlich.

Ich erzählte ihm dann meine Geschichte. Zuerst war ich etwas schüchtern, aber meine Scheu war schnell verflogen. Schließlich sprudelten die Worte nur so aus mir heraus und er hörte mir zu, ohne mich zu unterbrechen. Sein Blick war die ganze Zeit über aufmerksam und er gab mir die Gewissheit, dass es ihn wirklich interessierte, was ich erzählte. Zum Schluss sagte ich dann, dass wir – Mutter und die Brüder und ich - nun auf das Kriegsende hofften und wieder zurück in die Stadt zu können, wo wir den Vater erwarteten. Johanns Augen verdunkelten sich. „Wo ist denn dein Vater?"

„Das Letzte, was wir gehört haben, kam aus Russland", sagte ich mit fester Stimme. Noch immer stand ich vor der Zimmertür. Johann überlegte wohl kurz, mich herein zu bitten, jedenfalls glaubte ich seine einladende Handbewegung entsprechend deuten zu können. Aber er sprach die Einladung nicht aus und das war auch gut so. Zu jener Zeit hatte ein junges Mädchen nichts im Zimmer eines jungen Mannes zu suchen, noch dazu, wenn es das Zimmer des Jungbauern war, auf dessen Hof ich Zuflucht gefunden hatte. Ziemlich unbeholfen und ein wenig überstürzt verabschiedete ich mich.

Die nächsten Tage brachten immer wieder Begegnungen zwischen mir und Johann. Wir sahen uns in der Küche, auf dem weitläufigen Hof, im Treppenhaus ... einfach überall. Jedes Mal strahlte er mich mit seinem gewinnenden Lächeln an und ich lächelte schüchtern zurück. Mit der Zeit verlor sich meine Unsicherheit und als Johann mich eines Abends noch zu einem Spaziergang einlud, nahm ich mit klopfendem Herzen an. Es war einfach traumhaft. Ich schwebte wie auf Wolken, obwohl der Weg über Stock und Stein führte und ich dafür gar keine richtigen Schuhe hatte. Er schien es aber nicht zu merken, jedenfalls machte er keine einzige Bemerkung über meine ärmliche Aufmachung. Als wir dann zu einer Bank kamen und er vorschlug, uns zu setzen, wagte ich kaum zu hoffen, dass er das tat, wonach ich mich so sehnte, und wovor ich gleichzeitig so große Angst hatte. Würde er mich jetzt küssen? Und dann kam es ganz anders. Ein einziger Satz von ihm zerstörte alle meine Illusionen. Mit einem Mal schien mir selbst der idyllische Blick über Wiesen und Felder wie der blanke Hohn des Schicksals.

„Ich muss bald zurück, Carla", sagte er traurig. „Die Pflicht ruft, mein Urlaub ist übermorgen zu Ende."

Warum nur um alles in der Welt hatte ich nicht daran gedacht, dass er ja nur beurlaubt war? Es war doch klar, dass er zurück an die Front musste, sobald er sich von seiner Verwundung erholt hatte! Am liebsten hätte ich mir mit der flachen Hand vor die Stirn geschlagen. Wie konnte ich nur so dumm sein? Bei dem Gedanken wurde mir ganz schwindlig. Wenn er wieder hinaus in den Krieg musste, müsste ich nicht nur ständig um meinen Vater Angst haben, nein, auch um den Mann, der mir mittlerweile recht gut gefiel, und mit dem ich mir sogar eine Zukunft hätte vorstellen können. Ich sagte nichts, aber er sah mir wohl meine Gedanken an. Ohne zu zögern, nahm er mich in die Arme und küsste mich.

Ich spürte plötzlich ein übergroßes Verlangen danach, sich diesem starken, jungen Mann voll und ganz hinzugeben. Einen besseren Zeitpunkt, zur Frau zu werden, werde es niemals mehr geben. Das war mir klar und dann hörte ich auch schon auf zu denken. Sie fühlte nur noch und was sie tief in ihrem Herzen spürte, war wunderbar. Wir küssten und streichelten uns erst zaghaft, dann leidenschaftlich und als bei mir das Vertrauen so groß war wie das Verlangen, rutschten wir von der Bank ins hohe Gras und liebten uns, als wäre der heutige Abend der letzte in unserem gemeinsamen Leben. Und so kam es dann auch.

Am nächsten Morgen war Johann nämlich fort. Er hatte mich angelogen, als er von übermorgen sprach. Es war schon der nächste Tag, an dem er wieder an die Front musste. Ich war geschockt. Mein erster Gedanke galt der Befürchtung, ausgenutzt worden zu sein. Wollte Johann nur Sex haben, bevor er wieder in den Krieg ziehen musste? Oder waren die Gefühle, die ich so stark wahrgenommen hatte, auch bei ihm echt gewesen und er wollte mir aus Rücksicht den Abschied ersparen? Immer wieder haderte ich mit der Situation und vor allem mit mir selbst, weil ich mich auf ihn eingelassen hatte. Bis ich seine Nachricht entdeckte.

Vor meiner Kammer, versteckt hinter den Arbeitsschuhen, die ich immer auszog und dort deponierte, bevor ich schlafen ging, fand ich sein Tuch. Es war sauber zusammengelegt und mit einem kleinen Stein beschwert. Ich suchte, aber es lag kein Brief dabei und auch sonst fand ich nichts, was in Worten hätte erklären können, was mir Johann sagen wollte. Aber ich verstand auch so. Das Tuch hatte er eigentlich immer angehabt. Er hatte es auch um den Hals geschlungen, als wir uns geliebt hatten. Ich nahm es in beide Hände und drückte es gegen mein Gesicht. Ich weinte, als ich seinen Geruch wahrnahm. Die Sehnsucht wurde übergroß. So groß, dass es mir in der Brust wehtat. Sollte dieses Stück Stoff das Einzige sein, was ich von ihm behalten durfte? Kam er wieder? Würde ich ihn nie mehr wiedersehen? Was von ihm vielleicht als tröstliche Geste gedacht war, hat mich erst recht seelisch ganz nach unten getrieben. Ich klammerte mich an den dünnen Fetzen, betastete ihn von allen Seiten, als ob ich darin die Antworten auf meine Fragen finden könnte – oder irgendwann vielleicht doch ein Stückchen Trost. Irgendwann wurde es mir dann tatsächlich leichter ums Herz. Wäre ich ihm egal gewesen, hätte er mir bestimmt nicht sein Halstuch da gelassen. Ich zwang mich, die trüben und angstvollen Gedanken, aus meinem Kopf zu bekommen und konzentrierte mich auf das beruhigende Gefühl, das mir das Tuch seltsamerweise gab. Ich beschloss, es immer bei mir zutragen. Es mir selbst um den Hals zu schlingen, wagte ich jedoch nicht, denn ich wollte nicht, dass irgendjemand auf dem Hof von der Liebesgeschichte etwas mitbekam. Ich steckte es daher unter meine Bluse und genoss das Gefühl, etwas von meinem Geliebten direkt auf der Haut zu tragen.

Die folgenden Wochen waren schwer für mich. Die Situation forderte mir alle Kraft ab. Es war nicht nur die anstrengende Arbeit auf dem Hof. Nein, es war vor allem der Kummer darüber, den Geliebten schon nach so kurzer Zeit verloren zu haben. Manchmal kam ein Hauch von Hoffnung auf, dass Johann nach Kriegsende in meine Arme zurückkehren wird, aber sie verschwand sofort wieder, denn mir war klar, dass ich mit meiner Mutter und den Brüdern in die Stadt zurückkehren werde, sobald das möglich sein würde. Er dagegen musste auf dem elterlichen Hof bleiben und ihn irgendwann übernehmen. Unsere Lebenswege würden sich nicht mehr kreuzen, davon war ich in meinen dunkelsten Stunden überzeugt. Die letzte Gewissheit auf die absolute Aussichtslosigkeit unserer Liebe gab mir dann ein beinahe achtlos dahin gesagter Satz der Bäuerin.

„Der Johann heiratet mal die Gerda. Die Tochter vom Schmidt-Bauern", hat sie gesagt, als, wie so oft, das Gespräch auf ihren Liebling kam, um den sie so viel Angst hatte. Mir war klar, dass es ihr half, über die Zeit nach diesem furchtbaren Krieg zu sprechen und Pläne zu machen. Aber mit jedem Wort von ihr wurde mir deutlich, dass ich in diesen Zukunftsplänen nicht vorkommen konnte.

Mir war gar nicht aufgefallen, dass Johann während seines Urlaubs recht viel Kontakt mit der Tochter des besagten Schmidt-Bauern gehabt hätte, aber die Bäuerin erklärte, dass es schon lange so ausgemacht war. Die beiden Anwesen sollten zusammenkommen, die Gerda sei eine gute Partie und die beiden hatten sich schließlich schon als Kinder gemocht.

Niemandem fiel auf, wie sehr ich litt. Ich konnte es gut verbergen. Wenn ich weinte, dann nur nachts, meine Finger um sein Halstuch verkrampft. Tagsüber suchte ich Ablenkung in der Arbeit, die ich meistens ohne viel zu reden verrichtete. Die Zeit verging, ohne dass sich daran etwas änderte. Dann kam endlich die erlösende Nachricht. Der Krieg war zu Ende. Mutter wartete nicht lange. Sie nahm ihre Buben, holte mich zu sich und kehrte mit ihren Kindern zurück in die Stadt.

Krampfhaft überlegte ich, welches Zeichen ich für Johann zurücklassen konnte, damit er wusste, wo er mich finden konnte, falls er mich suchen wollte. Aber unsere Abreise kam so schnell und schließlich entschied ich mich, nichts zu tun. Ich hätte ja auch alles im Geheimen tun müssen, damit er sich keinen peinlichen Fragen stellen musste. Schließlich redete ich mir ein, dass er bestimmt einen Weg finden würde, wenn er denn wirklich wollte.

Zurück in der Stadt erlebten wir ein Wunder: Wir fanden sofort eine kleine Wohnung. Aber was wir sonst vorfanden, ist mit Worten gar nicht zu beschreiben. Wie zu befürchten war, kam der Vater nicht aus Russland zurück. Nicht gleich und auch nicht später. Als Jahre nach Kriegsende die letzten Spätheimkehrer in die Arme ihrer Lieben fallen konnten, war der Vater wieder nicht dabei. Er blieb vermisst und wir mussten uns ohne ihn durchschlagen. Ich hatte gar keine Zeit, mir Gedanken zu machen, die Nachkriegszeit war nicht einfach. Meine Mutter und ich taten unser Bestes und die beiden Jungs wuchsen zu tatkräftigen, starken jungen Männern heran.

An Johann dachte ich trotzdem immer noch sehr oft und ich brachte es nicht übers Herz, sein Halstuch abzulegen. Trotz aller Probleme im alltäglichen Leben gab ich die Hoffnung nicht auf, dass er eines Tages vor der Tür stehen möge und mich zu sich holen würde. Nachts, wenn die Sehnsucht zu groß wurde, träumte ich mich in eine Zukunft mit ihm. Aber am nächsten Morgen hatte mich der Alltag wieder und die Gewissheit, dass er nicht kommen würde. Vielleicht war er auch gar nicht aus dem Krieg zurückgekehrt. Wenn ich arg verzweifelt war, kam mir diese Idee fast tröstlich vor, so schlimm sie auch war. Aber die Vorstellung, dass er mich gar nicht suchen wollte, war schlimmer als der Gedanke, dass er den Krieg nicht überlebt hatte. Manchmal schämte ich mich dafür.

So vergingen die Jahre und ich war Mitte Zwanzig, als ich Paul kennenlernte. Er war ein junger Schuster, kaum älter als ich und voller Pläne für die Zukunft. Er gefiel mir. Paul warb um mich und gab auch dann nicht auf, nachdem ich ihm die erste Abfuhr erteilte. „Du bekommst mich so schnell nicht los", sagte er. „Wir werden heiraten, das ist doch klar." Ich würde jetzt nicht sagen, dass ich Johann vergessen hatte, aber die Erinnerung an mein erstes Liebeserlebnis verblasste nun ein wenig. Schließlich gab ich Pauls Werben nach und heiratete ihn. Du weißt ja, dass ich mit deinem Vater eine lange glückliche Ehe geführt habe und ich habe meinen Entschluss nicht ein einziges Mal bereut.

Das Tuch bewahrte ich allerdings immer noch auf. Es lag all die Jahrzehnte zusammen mit meiner Wäsche in der Schublade meiner

Kommode. Mit der Zeit rutschte es immer weiter nach unten und landete schließlich ganz hinten bei den umhäkelten Spitzentaschentüchern. Du weißt schon, die wertvollen Stücke, die man niemals verwendete aber trotzdem immer sorgsam aufbewahrte. Aber mindestens einmal im Jahr, wenn ich meine Schränke und Schubläden neu ordnete, fand ich das Erinnerungsstück und drückte es für einen versonnenen Moment an meine Brust. Dann legte ich es wieder zurück, vorsichtig und sorgsam."

Carla verstummte. Beate überlegte, ob es das lange Sprechen oder die schmerzhaften Erinnerungen waren, die ihre Mutter derart angestrengt hatten. „Das wusste ich alles nicht. Natürlich kommt das Tuch mit", versprach sie und erntete dafür einen dankbaren Blick.

„Nun kennst du also die Geschichte von diesem Tuch, mein Kind." Mutter sagte oft „mein Kind" zu ihrer Tochter, obwohl Beate zu dem Zeitpunkt, an dem sie alles erzählte, auch schon an die Sechzig ging. „Ich habe sie dir nie erzählt, weil ich deinen Vater wirklich geliebt habe und Johann eben nur meine Jugendliebe war. Meine erste Liebe sozusagen.

Aber wer weiß, was gewesen wäre, wenn ich ihn geheiratet hätte und nicht Paul, deinen Vater."

„Hast du Johann wiedergesehen?"

„Nein." Beate hörte aus Mutters Stimme traurige Sehnsucht heraus, ein Bedauern, stilles Leid. Spontan nahm sie ihre alte Mutter in die Arme. Sie spürte deren Zerbrechlichkeit und Zartheit. Mutter war alt geworden, das wurde der fürsorglichen Tochter in diesem Augenblick sehr klar. Das Tuch hielt sie immer noch krampfhaft fest, und erst, als ihre Tochter ihr versicherte, es für den letzten Umzug einzupacken, gab sie es aus der Hand.

Seit diesem Gespräch waren zwei Jahre ins Land gegangen. Vor wenigen Tagen war Carla Beerdigung gewesen und da es für das Zimmer im Heim eine lange Warteliste von neuen Bewohnern gibt, beeilt sich Beate nun mit dem Ausräumen. Jetzt, wo sie das Halstuch in den Händen hält, kommt die Erinnerung wieder hoch. Die Erinnerung an jenen Moment, in dem sie ihre Mutter nach der Geschichte im Arm gehalten hatte. Wie oft hatte Carla wohl in den vergangenen Jahrzehnten an dem alten, verschlissenen Stück Stoff gerochen, es an sich gedrückt, vielleicht auch ein paar Tränen hinein geweint? Bei dem Gedanken werden auch bei Beate die Augen feucht. Mit dem Tuch wischt sie ihre eigenen Tränen weg und beschließt, dieses Stück Stoff weiterhin in Ehren zu halten. Letztlich ist es mindestens genauso viel wert wie der Schmuck ihrer Mutter oder als jeder andere materielle Gegenstand.

Gefestigt und getröstet durch diesen Entschluss verlässt Beate mit dem Tuch in der Hand das Pflegeheimzimmer zum letzten Mal. Auf dem Flur begegnet sie einem Mann in ihrem Alter, der sie für ihren Geschmack ein bisschen zu barsch fragt: „Sind Sie fertig mit Ausräumen? Mein Vater möchte schon morgen hier einziehen und ich muss unbedingt mal kurz rein in das Zimmer und ausmessen, ob sein Lieblingssessel mitkann." Schon schiebt er sich an ihr vorbei und drängt in die noch offene Tür zum ehemaligen Zimmer ihrer Mutter.

Beate ärgert sich über das hektische Auftreten ihres Gegenübers und hat gute Lust, eine patzige Antwort zu geben. Bevor sie allerdings etwas sagen kann, fällt ihr Blick auf den Vater des ungeduldigen Gesprächspartners. Er sitzt im Rollstuhl, ein paar Meter nur von ihr entfernt. Wie gebannt starrt er auf das Tuch, das Beate immer noch in der Hand hält. Sie wundert sich noch über diesen Blick, geht aber mit eiligen Schritten an dem alten Mann vorbei in Richtung Ausgang. Dann dreht sie sich aber noch einmal um, als sie die Pflegerin hört:

„Herr Bachinger? Johann Bachinger? Herzlich willkommen in unserem Pflegeheim."

Petra, 65 Jahre

Heute schreibe ich dir zum letzten Mal. Nicht etwa, dass du keine freien Seiten mehr hättest. Es gibt noch viele, die ich füllen könnte. Aber ich mag nicht mehr. Seit meiner Jugend schreibe ich einmal in der Woche meine Erlebnisse, meine Gedanken, meine Gefühle, meine Ängste und meine Hoffnungen auf. Heute ist mein 65. Geburtstag und ich finde, mehr als fünfzig Jahre Tagebuch sind genug.

Ich habe dich zum vierzehnten Geburtstag von meiner Großmutter geschenkt bekommen. Damals wusste ich noch nicht, dass ich alle drei Jahre ein neues brauche, weil das alte voll war. Mittlerweile habe ich die stolze Anzahl von sechzehn Tagebüchern im verschlossenen Schrank liegen, das siebzehnte, und damit letzte, bist du.

Als Oma mir das hübsch verpackte Geschenk überreichte, hatte ich keine Ahnung, was das auffällige Blümchengeschenkpapier umhüllte. Ich musste erst die kunstvoll gebundene Schleife aus himmelblauem Stoffband lösen, bevor ich das bunte Papier aufreißen konnte. Beim Band gab ich mir noch Mühe, denn damals waren solche Dinge wertvoll. Der Wert zeigte sich nicht unbedingt in Geld, sondern im Material. Geschenkbänder aus Stoff wurden aufgehoben und wiederverwendet. Vorher bügelte man vorsichtig drüber und schon sah das gebrauchte Band wie neu aus. Die Wegwerfgesellschaft, wie wir sie heute für ganz normal halten, existierte damals noch nicht. Ich liebte diese Bänder und obwohl ich noch so jung war, hatte ich schon eine ganze Kiste davon. Ein bisschen Spießigkeit in mir konnte ich nicht verleugnen. Das Hellblaue mochte ich besonders. Meine Oma hatte sich also schon bei der Verpackung was gedacht und darüber freute ich mich.

Meine Mutter schimpfte trotzdem, weil ich eigentlich auch das Blümchenpapier sensibler hätte behandeln sollen. Wenn es möglich war, wurde nämlich auch die Geschenkpapierverpackung aufgehoben und bis zur weiteren Verwendung sorgsam gefaltet aufbewahrt. Aber ich hatte keine Geduld und zerriss das Papier, was mir einen strafenden Blick und ein missbilligendes „Petra, pass doch auf" einbrachte.

Es machte mir nicht viel aus, denn ich war damit beschäftigt, zu begreifen, was ich nach dem Auspacken in Händen hielt.

Ein knallrotes Buch mit weichem Ledereinband, der sich so anfühlte, als wäre er von innen gepolstert. Es hatte quadratische Maße und war insgesamt kleiner, als eines meiner DIN A5 Schulhefte. Auffällig war das ungefähr 2 cm breitem, dunkelbraune Lederband, das an der offenen Seite des Buches die Rückseite mit der Vorderseite verband. Daran befestigt war ein kleines goldenes Schloss.

„Ich kann es verschließen", dachte ich laut und schaute ein bisschen ratlos zu meiner Großmutter. Diese lächelte wissend, denn ihr war klar, dass ich keine Ahnung hatte, wofür ich dieses Buch verwenden sollte.

„Es ist ein Tagebuch", sagte sie und nickte mir zu.

„Aha, ein Tagebuch", wiederholte ich unsicher.

Natürlich wusste ich, was ein Tagebuch war, ich hatte nur noch keines in Händen gehalten und noch weniger hatte ich damit gerechnet, jemals selbst eins zu besitzen, geschweige denn, es zu führen.

Wir hatten das Jahr 1967. Die Gesellschaft befand sich im Umbruch und die Jugendlichen meiner Zeit hatten alles andere im Sinn, als das Leben unserer Eltern und Großeltern zu führen. Ein Tagebuch – das war für mich der Inbegriff an überkommenen Gesellschaftsritualen und ich traute mich kaum, meinen Freundinnen von einem solchen Geschenk zu erzählen. Ich schämte mich in Grund und Boden dafür und beschloss, mein Tagebuch als mein Geheimnis zu bewahren.

Warum ich trotz aller Skepsis noch am selben Tag etwas hineinschrieb und fortan mindestens einmal pro Woche, kann ich im Nachhinein auch nicht sagen. Vielleicht hat es mir gefallen, dieses Geheimnis zu haben. Außer meinen Eltern und meiner Oma wusste niemand, dass ich ein Tagebuch besaß und ob ich es nutzte, konnten sie nicht ahnen. Geschweige denn, was ich dorthinein schrieb. Kurzum, es tat mir einfach gut, meine innersten Gedanken aufschreiben zu können und zu wissen, dass sie niemand erfahren wird.

Irgendwie gab mir das ein Gefühl der Sicherheit. Ich und du, verschworen gegen die Welt. Was ich niemandem sagen konnte, habe ich dir erzählt. Gedanken, für die man sich eigentlich schämen müsste, konnte ich dir anvertrauen. Selbst meinen sexuellen Phantasien konnte ich bei dir freien Lauf lassen. Und wenn ich jemanden so richtig aus tiefstem Herzen hasste und ihm am liebsten die Pest an den Hals gewünscht hätte, konnte ich dir das erzählen. Sonst keinem. In deinen siebzehn Bänden steckt mein ganzes Leben drin. Alle Emotionen, die sich in den fünf Jahrzehnten in mir breit gemacht haben, konnten bei dir ihren Platz und ihre Heimat finden. Was hätte ich ohne dich gemacht?

Bestimmt wäre ich depressiv geworden, weil ich meine Sorgen und meine Traurigkeit in mir hätte behalten müssen. Eingeschlossen in meiner Seele. Das kann auf Dauer nicht gut gehen. Viel besser war es, dass ich sie rauslassen und niederschreiben konnte. Sie dir anvertrauen konnte. Auf diese Weise wurde es mir leichter ums Herz und ich konnte weitermachen mit meinem Alltag.

Oder aber ich wäre völlig überdreht gewesen, immer dann, wenn ich vor lauter Glück und Lebenslust nicht gewusst habe, wohin. Nach außen hin musste ich doch immer eine glatte, gefällige und gesellschaftskonforme Fassade zeigen. Aber innendrin tobten die Gefühle.

Aber nun ist Schluss, denn nun habe ich jemanden, dem ich das alles erzählen kann, was ich bisher nur dir anvertraut habe. Jemanden aus Fleisch und Blut. Nach etlichen Fehlversuchen – wie du ja weißt – habe ich nun endlich meine große Liebe gefunden. Sie heißt Isabel, ich habe dir von ihr schon erzählt. Wie ich sie kennengelernt habe vor drei Jahren, wie wir uns langsam annäherten, wie ich in Zweifel verfiel, als ich merkte, dass sich meine freundschaftlichen Gefühle für sie in etwas umwandelten, was ich bisher nicht kannte. Es machte mir auch Angst. Darf ich als Frau eine Frau lieben? Das habe ich dich gefragt, damals, ungefähr ein halbes Jahr, nachdem Isabel in mein Leben getreten war.

Ich kannte sie vom Gymnastikkurs, den ich mit 62 Jahren wegen meiner ständigen Rückenprobleme besuchte. Bei ihr waren es die Bandscheiben, bei mir Verspannungen. Sie ist mir gleich zu Kursbeginn aufgefallen, nicht nur, weil sie zu spät kam und um ihr Erscheinen für meinen Geschmack zu viel Aufhebens machte.

„Ich komme zu spät!", rief sie etwas zu laut mitten in die Runde. Die Runde, das waren wir anderen, die wir pünktlich gewesen waren und gerade dabei waren, uns im Stuhlkreis sitzend nacheinander vorzustellen. Die Kursleiterin saß ebenfalls in der Reihe und blickte verärgert auf. Ohne Rücksicht darauf, ob gerade jemand sprach oder nicht, platzte Isabel einfach in die Situation und war mit ihrer gesamten Persönlichkeit über die Maßen präsent. Sie füllte den Raum, einfach nur durch ihr Dasein.

„Das sehen wir", antwortete die Kursleiterin etwas pikiert. „Nehmen Sie sich einen Stuhl, und stellen Sie sich vor …", „… wenn Sie dran sind", wollte sie noch sagen, kam aber nicht mehr dazu.

„Also ich bin die Isabel", sprudelte es einfach aus ihr heraus, noch während sie vom Rand der Turnhalle einen Stuhl heranholte und sich in der Runde ihren Platz verschaffte.

„Wir duzen uns doch bestimmt alle?" Ihr Blick ging fragend im Kreis herum, bis er an mir hängen blieb. Nur einen kurzen Moment. Ich glaubte, ein leichtes Lächeln zu erkennen und schon schaute sie wieder weg.

Eigentümlich. Ich müsste mich eigentlich ärgern, dachte ich. Stattdessen fühlte ich mich von dieser quirligen Frau auf eine Art angezogen, die ich nicht einordnen konnte. Ich fand sie sympathisch. Ihre zur Schau getragene Lust aufs Leben, ihre Fröhlichkeit und Unbekümmertheit hatten auf mich eine umwerfende Wirkung. Ich konnte meinen Blick nicht von ihr lassen.

Ich schätzte sie ein wenig jünger als ich. Nicht viel. Vielleicht zwei oder drei Jahre. Sie war ein wenig größer als ich selbst bin. Ihre auffällig silbergrauen Haare trug sie damals rappelkurz mit Ausnahme einer Strähne direkt über der Stirn. Aber länger als ungefähr acht Zentimeter war diese Strähne auch nicht, dafür leuchtete sie in einem unübersehbaren Blau. Diese blaue Partie hing ihr keck bis kurz über die Augenbrauen. Ihr Gesicht war von diesem Blau geprägt und ich vermutete, dass die Wahl der künstlichen Haarfarbe mit voller Absicht exakt auf ihre Augenfarbe abgestimmt war. Besonders schön fand ich ihr Lächeln, das nicht nur von ihrem Mund ausging. Isabel lächelte mit dem ganzen Gesicht. Ihre Augen strahlten, zwischen den Lippen waren makellose Zähne zu sehen und sogar die vielen Falten rund um die Augen und auf der Stirn, sahen wunderschön aus. Diese Frau faszinierte mich und ich mochte sie von der ersten Sekunde an. Und ich fand sie wunderschön.

Am Ende der Sportstunde ließ ich mir mit Absicht Zeit. Ich wollte unbedingt ein paar Worte mit ihr wechseln. Bevor ich sie am Fahrradständer vor der Turnhalle ansprechen konnte, war sie es, die den ersten Schritt tat.

„Du bist Petra? Habe ich mir das richtig gemerkt?"

„Ja, und du Isabel", antwortete ich und versuchte genauso gewinnend zu lächeln wie sie. Ich trug meine Haare nackenlang, mahagonigefärbt und sorgsam frisiert. Wie immer waren meine Augen dezent geschminkt und meine Gesichtshaut war mit einer Schicht Make-up überdeckt. Das war meine Art, dem Altern zu begegnen. Übertünchen, verbergen, äußerlich so lange jung bleiben, wie es die Kosmetikindustrie zulässt.

Ich bemerkte ihren Blick, der erst über mein Gesicht und dann über meinen Körper glitt. Nur ganz kurz, weniger als ein paar Sekunden. Instinktiv zog ich den Bauch ein und kontrollierte in Gedanken meine Kleidung. Saß das T-Shirt auch nicht zu eng? Sitzt die Jeans? Gefalle ich ihr?

Später, als ich über unsere erste Begegnung nachdachte, konnte ich mir nicht erklären, wieso ich ihr unbedingt gefallen wollte. Normalerweise war ich selbstsicher in meinem Auftreten und wenn ich neue Menschen kennenlernte, achtete ich mehr auf deren Aussehen als auf meines. Aber bei Isabel war alles anders.

Bis zur nächsten Rückengymnastik verging turnusmäßig eine ganze Woche. Zu Isabel hatte ich in dieser Woche keinen Kontakt. Wie auch. Wir hatten keine Handynummern oder Emailadressen ausgetauscht. Aber in Gedanken war ich ständig bei ihr. Ich freute mich wahnsinnig auf unser nächstes Treffen und malte mir in meiner Phantasie schon in den buntesten Farben aus, wie sie wohl auf meine Einladung zum Kaffee reagieren würde. Das hatte ich mir nämlich fest vorgenommen. Ich wollte Isabel kennenlernen, wollte wissen, welcher Mensch sie war, und welche Gedankenwelt sich hinter der blauen Haarsträhne in ihrem Kopf abspielte.

Aber sie war nicht da beim nächsten Mal.

Ich musste eine weitere Woche warten, bis ich sie wiedersah.

„Wo warst du denn das letzte Mal?" Die Kursleiterin sah Isabel streng an. Es war nicht zu übersehen, dass zwischen den beiden nur ganz wenig Sympathie bestand. Genau genommen, gar keine.

„Ich hatte einen Arzttermin." Ihre Stimme klang fest, ganz und gar nicht entschuldigend. Einfach nur feststellend.

„Wir entschuldigen uns, wenn wir nicht kommen können." Die Kursleiterin setzte ihren strengsten Oberlehrerinnenblick auf und war wohl der Meinung, dass sie noch mehr Eindruck machen könnte, wenn sie uns mit der Formulierung „Wir" auf ihre Seite zog.

„Gut, dann werden wir uns das nächste Mal entschuldigen". Isabel setzte ihr umwerfendes Lächeln auf, das mich schon beim ersten Kennenlernen so beeindruckt hatte.

„Aber bestimmt hast du gemeint, ich hätte vorher anrufen sollen, dass ich nicht komme, oder? Damit du bescheid weißt, und nicht auf mich wartest. So hast du das gemeint, oder?" Isabels Stimme klang völlig neutral, ohne Hohn oder Ironie. Und doch war deutlich herauszuhören, wie sehr sie die ganze Sache belustigte. Sie war sich offensichtlich keiner Schuld bewusst und mir fiel auf, wie wunderbar selbstbewusst sie war.

So wäre ich auch gerne, dachte ich. Seit meiner Kindheit und Jugend war ich zur Anpassung bereit. Ich wurde so erzogen. Mädchen sind brav, ordnen sich unter, sorgen für Harmonie und fallen nicht unangenehm auf. Während der 68er Zeit begehrte ich kurz auf, aber als ich dann nach der Schule eine Ausbildung zur Rechtsanwaltsgehilfin machte und danach in der Kanzlei meines Onkels zu arbeiten begann, war es mit der Revolution schon wieder vorbei. Ich kleidete mich jeden Tag in unauffälliges Weiß-Grau, wie es für die Angestellten in der Kanzlei vorgeschrieben war und fand mich darin sogar hübsch. Bis zum heutigen Tag war dieses nahezu altjüngferliche Weiß-Grau mein Kleidungsstil auch im privaten Bereich. Damals wollte ich so sein, wie die Erwachsenen es mir vorlebten. Später fand ich es praktisch, mir nicht viele Gedanken über meine Garderobe machen zu müssen, denn ich wusste, dass mir Kostüm, Hosenanzug oder Kleid im damenhaften Stil, mit dezenten Farben, gut standen. Keinen Moment lang bereute ich meine Haltung. Auf diese Weise fühlte ich mich sicher, ich wusste, wie man sich zu benehmen hatte und fand damit Anklang. Bis zum heutigen Tag wäre es mir niemals eingefallen, einfach so zu sein, wie ich mich tief im Inneren fühlen wollte. Frei, unabhängig und natürlich. Denn der Preis für meine Angepasstheit war genau das Gegenteil. Meine Seele fühlte sich oft wie eingesperrt, meine

Wünsche wurden von mir ignoriert und mein Sehnen ging regelmäßig ins Leere.

Dass wir uns näher kennenlernten, war Isabel zu verdanken. Während ich mir viele Gedanken darüber machte, wie ich sie wohl ansprechen könnte, was ich ihr vorschlagen könnte oder wie ich sie als meine Freundin gewinnen könnte, nahm sie es einfach in die Hand.

„Ich gehe heute Abend in ein Konzert, gehst du mit? Es gibt noch Karten", fragte sie mich ohne Umschweife nach dem Training.

„Wer spielt denn?" Als ob das wichtig gewesen wäre, aber ich wollte wenigstens so tun, als ob ich es mir tatsächlich erst überlegen wollte.

„Irgendeine Folk Band. Was Irisches. Den Namen habe ich jetzt vergessen, wird aber bestimmt toll. Ich hol´ dich ab, gibst du mir deine Adresse?"

„Okay, prima, wann?"

„18 Uhr, dann können wir vorher noch was essen und ein bisschen quatschen. Magst du?"

So einfach war das.

Das Konzert ließen wir dann ausfallen, weil wir uns beim Essen total verquatscht haben. Wir redeten und redeten und haben einfach die Zeit vergessen. Ich fühlte mich in ihrer Gegenwart so wohl, dass ich erst ein bisschen und dann voll und ganz aus mir herausgehen konnte. Wir lachten uns kaputt und im nächsten Moment waren wir wieder ernst, wenn es um Themen ging, bei denen es wirklich nichts zu lachen gab.

Ganz entgegen meiner Prinzipien erzählte ich sehr viel über mich und mein zurückliegendes Leben. Normalerweise war ich mit allzu privaten Dingen zurückhaltend, wenn ich jemanden erst kennengelernt habe. Aber zu Isabel fasste ich sofort so eine Art Urvertrauen und ich spürte, dass sie zu meiner allerbesten Freundin werden könnte. So eine Freundin, wie ich sie nie hatte. Das lag auch an mir, weil ich mich anderen Menschen gegenüber nicht öffne. Um eine Frauenfreundschaft führen zu können, ist das aber notwendig. Sonst bleibt der Kontakt eine Bekanntschaft und kann nie zur echten Freundschaft werden.

Ich erzählte Isabel vom frühen Tod meines Vaters, von der schweren Zeit als Jugendliche, in der ich mit meiner Mutter alleine lebte. Mutter war als junge Witwe darauf angewiesen, Geld zu verdienen und ich war viel alleine. Oft war ich auch in der Obhut meiner Großmutter.

Nach der Lehre als Anwaltsgehilfin nahm ich mir eine kleine Zweizimmerwohnung und probte die Selbstständigkeit. Obwohl ich als Kind viel auf mich alleine gestellt war, fiel es mir schwer, nun als Erwachsene auf einmal alles regeln und bewältigen zu müssen, was der Alltag so mit sich brachte. Ich erzählte ihr von den Schulden, die ich machte, weil ich nicht sorgsam genug war im Umgang mit Geld. Vom Gerichtsvollzieher, der den Schmuck meiner Oma pfändete, den sie mir nach ihrem Tod vermacht hatte. Davon, dass ich ihn nie auslösen hatte können und diesen im doppelten Sinne wertvollen Erinnerungsschatz für immer verlor.

Ich erzählte ihr von der Beziehung zu einem Mann, der mich erst faszinierte und dann zu Tode ängstigte. Er schlug mich, ich verließ ihn und brachte dafür alle Kraft auf, die ich hatte.

Danach lernte ich das genaue Gegenteil kennen. Jens war das, was man als Softie bezeichnet. Nie laut, immer zurückhaltend, sanftmütig und harmoniebedürftig. Er hatte keine eigene Meinung, richtete sich immer nach dem, was ich sagte, und lebte von meinem Geld. Denn Jens dachte gar nicht daran, seine innere Gelassenheit durch Arbeit zu gefährden. Lieber saß er bei mir auf dem Sofa oder lag im Bett, rauchte Gras und wartete, bis ich abends von der Arbeit nach Hause kam. Meine weiß-graue Kleidung und seine übergroßen, buntgemusterten Wollpullis passten nicht lange zusammen. Ich warf ihn aus der Wohnung, als ich ihn dabei erwischte, wie er Geld aus meiner Börse nahm, ohne mich vorher gefragt zu haben.

Nachdem Jens weg war, merkte ich, dass ich schwanger war. Mir war sofort klar, dass ich dieses Kind nicht bekommen kann. Während ich Isabel davon erzählte, wie ich mich fühlte, als ich in der Praxis auf den Abtreibungstermin wartete, hielt sie mitfühlend meine Hand.

Nicht lange nach dem Schwanger- schaftsabbruch hatte ich höllische Schmerzen und musste ins Krankenhaus. Der Arzt hatte bei dem Eingriff gepfuscht. Um Schlimmeres zu verhüten, musste die Gebärmutter entfernt werden. Weil die Abtreibung nicht von der Krankenkasse bezahlt wurde und die Gebär- mutteroperation als Komplikation eingestuft wurde, musste ich die kompletten Behand- lungskosten selbst zahlen. Selbst mein Chef, der Anwalt, konnte mir da nicht helfen und ich musste mich noch mehr verschulden.

Zwei Jahre danach lernte ich Robert, meine große Liebe kennen. Er wollte Kinder, ich konnte keine bekommen. Robert verließ mich.

Mehrere Jahre konnte ich nur mit Hilfe von Antidepressiva überleben. Ich verlor mei- ne Arbeit, musste von Sozialhilfe leben und war vollkommen am Boden. Ich dachte, tiefer könne ich nicht sinken, aber es kam noch schlimmer, als meine Mutter pflegebedürftig wurde.

Sie war dement und konnte nicht mehr alleine leben. Die Pflege meiner Mutter überforderte mich völlig. Als sie nach langen Jahren starb, sagte ich ohne schlechtes Gewissen „endlich".

Vom Erbe meiner Mutter konnte ich eine Zeitlang leben, bis ich mit 60 schließlich meine Rente bekam.

Es war nicht viel, aber ich konnte und kann bis heute davon einigermaßen leben. Meine Schulden konnte ich durch ein Insolvenzverfahren aus der Welt schaffen.

Sehr schwer wiegt für mich die Tatsache, dass ich es nie geschafft habe, eine glückliche Ehe zu führen und eine kleine, eigene Familie aufzubauen.

Im Grunde habe ich ein unglückliches Leben geführt. Das wurde mir sehr klar, als ich an jenem Abend im Restaurant nicht mehr aufhören konnte, davon zu erzählen.

„Was ich an dir bewundere, ist deine Kraft. Du hast dich nie gehenlassen, du pflegst dich und wirkst nach außen einfach perfekt. Und sehr stark", sagte Isabel mit warmer Stimme, als ich endlich fertig war.

„Das ist nur Fassade. Es soll niemand sehen, wie es mir wirklich geht."

„Ja, das ist klar. Das ist dir perfekt gelungen." Und nach einer Weile setzte sie dazu: „Ich bring dich jetzt am besten heim, du siehst sehr müde aus."

Isabel brachte mich mit dem Taxi nach Hause und begleitete mich in meine Wohnung. Als sie gegangen war, ließ ich mich in mein Bett fallen und schlief sofort ein. Das erste Mal seit vielen Jahren konnte ich die ganze Nacht durchschlafen.

Am nächsten Tag rief ich sie an und entschuldigte mich, weil ich ihr meine ganze Lebensgeschichte zugemutet hatte und weil wir das Konzert verpassten.

„Das war viel wichtiger als das Konzert", antwortete sie in ihrer fröhlichen, unbekümmerten Art.

Wir verabredeten uns für den übernächsten Abend und ich nahm mir fest vor, nicht so viel zu reden und sie mehr zu Wort kommen zu lassen. Wir trafen uns in der Bar, in der sie Stammgast war. Für mich war es völlig neu, abends was trinken zu gehen und empfand den Kneipenbesuch wie einen kleinen offenen Spalt an einer bisher verschlossenen Tür.

So, wie ich zwei Abende vorher meine Lebensgeschichte vor ihr ausgebreitet hatte, erzählte nun sie.

Ich erfuhr, dass sie wie ich noch nie verheiratet war. Schon als Teenager fühlte sie sich zu Frauen hingezogen, konnte ihre Neigung aber nicht öffentlich leben. Ihr bürgerliches Elternhaus wäre entsetzt gewesen und sie war ja selbst darüber irritiert. Später dann, als ihre erste Beziehung zu einem Mann kläglich gescheitert war, fasste sie den Entschluss, sich nicht mehr den gesellschaftlichen Normen unterzuordnen. Lieber würde sie alleine bleiben, als pro forma einen Mann in ihrer Nähe zu ertragen.

Noch später hatte sie dann eine langjährige Beziehung zu einer Frau. Mit der sie sogar zusammenlebte. Aber als bei Isabel ein bösartiger Tumor in der rechten Brust festgestellt wurde, der Operation eine langwierige Chemotherapie folgte mit allen Nebenwirkungen, die man sich nur denken kann, ging diese Beziehung in die Brüche.

Seit ein paar Jahren war Isabel nun wieder alleine. Sie wurde wieder ganz gesund, und trotzdem hat die Krankheit ihre Nachwirkungen gezeigt.

„Ich schere mich nicht mehr darum, was die Menschen über mich denken. Okay, die Zeiten haben sich auch geändert. Homosexualität ist in der Mitte der Gesellschaft angekommen und auch meine Familie hat sich mittlerweile damit abgefunden. Meine Mutter ist hochbetagt. Sie hat es zwar noch nicht geschafft, mir zu sagen, dass sie mich liebt, wie ich bin. Aber ich spüre es, und das reicht mir." Sie machte eine kurze Pause und schaute mich an. Ich hatte die ganze Zeit zugehört, ohne ein Wort zu sagen.

„Was denkst du über mich?" Ihre Frage kam für mich unerwartet.

„Ich bewundere dich." Meine Antwort war spontan und ehrlich.

„Wofür?"

„Für deinen Mut, deine Art, zu leben, für deine Unbekümmertheit und für deine Fröhlichkeit, die du dir trotz deiner schweren Vergangenheit bewahrt hast."

„Ich habe keine schwere Vergangenheit." Sie lächelte mich an und wieder einmal fielen mir die vielen Lachfalten auf, die sich rund um ihre Augen bis hinauf zur Stirn bildeten und die ihr Gesicht so schön aussehen ließen.

„Naja, du musstest deine Homosexualität verbergen, warst krank, hast deine Liebe verloren … und du hast wie ich keine Kinder, keine eigene Familie. Wenn das kein schweres Leben ist."

„Wieso denn? Zeig mir doch mal jemanden in unserem Alter, der in seiner Vergangenheit immer nur eitel Sonnenschein hatte? Jeder von uns hat sein Päckchen zu tragen. Ob es nun Krankheiten sind, eine verlorene Liebe oder unerfüllte Lebensträume. Das ist alles ganz normal. Jeder von uns ist betroffen."

„So kann man es auch sehen", antwortete ich nachdenklich.

„Komm, trink noch was", forderte sie mich auf und bestellte noch zwei Cocktails.

Wir trafen uns seitdem öfter. Unsere Gespräche waren immer tiefgehend, blieben nie an der Oberfläche. Wir waren aber auch fröhlich und ausgelassen. So viel gelacht, wie mit ihr, habe ich in meinem ganzen Leben noch nicht. Meine grauweiß uniformierte Kleidung wurde nach und nach durch andere Farbakzente aufgebrochen. Ohne es bewusst zu steuern, erfreute ich mich plötzlich an bunten Schals und anderen Accessoires, alles, was ich vorher niemals gemocht hatte. Oder mich nicht getraut hatte.

Isabel trug weiter ihre weitschwingenden Kleider in bunten Farben. Ihre grauen Haare und die blaue Strähne passten perfekt zu den fröhlich-bunten Klamotten, die sie mit Vorliebe trug. Ihr gesamtes Erscheinungsbild war so wunderbar erfrischend.

Ich hatte endlich eine Freundin gefunden. Eine Seelenverwandte, eine Vertraute, einen Menschen, dem ich blind vertrauen konnte. Immer öfter waren wir zusammen. Wir verbrachten sogar mehrere Tage gemeinsam, entweder in meiner oder in ihrer Wohnung. Sie nahm mich oft in den Arm und als sie mich nach vielen Wochen zum ersten Mal küsste, war das für mich eine logische Fortsetzung unserer Freundschaft. Ich wollte ihr nah sein und musste mich nicht überwinden, sie zu küssen. Ganz im Gegenteil. Ich spürte zum ersten Mal die Lippen einer Frau auf meinen und fand es einfach nur schön.

Ob ich lesbisch war, darüber hatte ich mir vorher niemals Gedanken gemacht. Mit Männern hatte ich kein Glück gehabt, aber erst jetzt wurde mir klar, dass es mir auch nie so richtig gefallen hat, mit einem Mann zusammen zu sein. Körperliche Liebe mit einem Mann war für mich immer nur Pflicht gewesen. Es war nicht wirklich eklig, aber eben auch nicht schön.

Mit Isabel war alles anders. Ihre Zärtlichkeiten lösten in mir eine Gefühlsexplosion aus, die ganz tief in meinem Inneren ihren Ursprung hatte. Was ich längst abgeschlossen glaubte, nämlich mein Verlangen nach Erotik, war auf einmal wieder da. Zum ersten Mal in meinem Leben hatte ich einen Orgasmus, den ich mir nicht selbst verschafft hatte und als wir in zärtlicher Umarmung danach einschliefen, spürte ich, dass alles richtig war.

Seitdem sind Isabel und ich ein Paar. Heute, an meinem 65. Geburtstag hat sie mich gefragt, ob wir zusammenziehen wollen, vielleicht sogar heiraten. Ich habe Ja gesagt, überlegen musste ich nicht.

So beginnt also für mich mit 65 Jahren nochmal ein neuer Lebensabschnitt. Noch nie in meinem vorherigen Leben war ich so glücklich und frei wie jetzt.

Liebes Tagebuch, sei nicht böse, wenn ich dich nun verschließe. Du passt nun nicht mehr in mein Leben, denn meine Gedanken teile ich jetzt mit Isabel. Aber ohne dich wäre ich nicht bis hierher gekommen und dafür bin ich dir sehr dankbar. Du hast mich fünf Jahrzehnte begleitet, jetzt kannst du in den wohlverdienten Ruhestand gehen. Du bekommst mit all deinen 17 Bänden einen Ehrenplatz im Wohnzimmerschrank. Du gehörst zu meinem Leben und bist mir wichtig. Und du bist die Hüterin meiner Erinnerungen an mein früheres Leben.

Der Minikratzbaum

Jutta, 66 Jahre

Ein simpel konstruierter Kratzbaum und ein paar Fotos – das sind die einzigen Erinnerungsstücke, die ich an die wundervolle Katzendame Bella habe. Aber das, was die wenigen Tage unseres Zusammenlebens bei mir bewirkt haben und was ich seither im Herzen trage, wiegt weit mehr, als tausend greifbare Gegenstände. Die Erinnerung an das Gefühl, gebraucht und uneingeschränkt geliebt zu werden, ist immer noch sehr präsent, wenn ich an die zugelaufene Fellnase denke. Die Erkenntnis, dass ich mit nur ganz wenig Einsatz ein Seelchen glücklich machen kann, hat von da an mein weiteres Lebensgefühl sehr beeinflusst. Aber der Reihe nach:

Völlig überraschend spazierte sie in mein Leben. Noch dazu in einem Moment, in dem ich eigentlich überhaupt keine Zeit für solche Späßchen hatte. Aber sie war nun mal da, eine kleine Katze mit leerem Magen, abgemagert bis auf die Knochen und mit einer lauten Stimme, aus der ich alles Flehen dieser Welt herauszuhören glaubte – oder wollte? Die Retterin in mir hatte ihren großen Auftritt. Nur ich könnte dieses Fellknäuel retten – davon war ich überzeugt.

Man kann in einem Hochhaus leben und es kann trotzdem passieren, dass einem eine kleine Katze zuläuft. Was heißt „zuläuft" – das trifft es nicht ganz. Als ich an einem ganz normalen Samstagvormittag zu Fuß zum nahegelegenen Supermarkt lief, hörte ich ein Wimmern, Klagen oder Schreien aus einem Gebüsch. Es klang wie ein Baby. Zwar lag meine Zeit als Mutter von kleinen Kindern schon eine gefühlte Ewigkeit zurück, aber alle Mütter kennen das Gefühl, sofort instinktiv zu reagieren, wenn man ein Baby weinen hört. So blieb ich also stehen und hielt Ausschau. Das hätte ich nicht tun sollen, denn sofort kroch ein kleines, wirklich sehr kleines Kätzchen unter dem Busch hervor, lief zielstrebig auf mich zu und versuchte, als es mich erreicht hatte, mein rechtes Hosenbein hinaufzuklettern. Dabei hörte das kleine Wesen keine Sekunde auf, zu klagen und zu schreien. Nur zum Verständnis: Es handelte sich nicht um ein Katzenbaby, sondern dem Augenschein nach um eine junge, etwa halbwüchsige Katze, sehr dünn, sehr struppig und offensichtlich sehr hungrig. Dem ersten Blick nach zu urteilen, war sie nicht verletzt. Ihre Fellzeichnung ließ auf eine ganz normale Hauskatze schließen. Graugetigert mit einer weißen Halskrause.

Vorsichtig klaubte ich sie von meinem Bein herunter, was mir sogar gelang, ohne die Hose kaputt zu machen. Das Schutz suchende Tierchen zog nämlich glücklicherweise sofort die Krallen ein und ließ sich hochheben, damit ich sie erstens gefahrlos von der Hose entfernen und zweitens sie mir genauer anschauen konnte. Wie gesagt, Verletzungen erkannte ich keine und da ich annahm, dass sie irgendwohin gehörte, setzte ich sie wieder ab und ging schnurstracks weiter. Ohne mich umzudrehen. Denn ich wusste, sobald ich mich nach ihr umschauen würde, gehe ich zurück und das wäre es dann gewesen mit meinem bis dato katzenlosen Haushalt.

Ich hatte meine letzte Katze zwei Jahre vorher einschläfern lassen müssen und obwohl der Schmerz und die Trauer darüber immer noch tief saßen, war ich wild entschlossen, mir kein Haustier mehr anschaffen zu wollen. Nicht zuletzt war auch das der Grund dafür, dass ich so bestimmt meinen Weg zum Supermarkt fortsetzte, ohne mich weiter um das Kätzchen zu kümmern. Allerdings holte mich meine Tierliebe schlagartig wieder ein, als ich im Laden vor dem Katzenfutterregal stand, und zwei Schälchen Nassfutter in meinen Einkaufswagen wanderten – man kann ja nie wissen. Vielleicht war das zarte Wesen kurz vorm Verhungern und so ein Schälchen könnte ich doch einfach aufmachen und ihr hinstellen, ungefähr in Höhe des Busches, unter dem sie sich vorhin versteckt hatte. Ich nahm mir vor, auf dem Heimweg nicht gezielt nach ihr zu suchen, aber wenn sie mir erneut über den Weg laufen würde, dann wollte ich das Schälchen öffnen und ihr überlassen. So dachte ich.

Ich traute meinen Augen nicht, als ich sie schon von Weitem genau dort sitzen sah, wo ich sie ungefähr 30 Minuten vorher abgesetzt hatte. Auch sie hatte mich offensichtlich kommen sehen, sie blieb aber wie angewurzelt sitzen und beobachtete mich beim Näherkommen. Als ich in Hörweite war, begann sie zu schreien. Laut, eindringlich, flehend, klagend, verzweifelt und so, als ob es für sie nur noch eine einzige Rettung gäbe: mein Futterschälchen. Konnte sie etwa hellsehen? Oder war sie sich bewusst, dass sie als Katze einen Menschen jederzeit manipulieren kann? Egal, ich beeilte mich, das Schälchen mit Nassfutter aus dem Korb herauszufischen, die obere Folie abzuziehen und ihr die Mahlzeit zu präsentieren. Da saß sie nun auf dem Bürgersteig, die viel zu klein und schwach geratene Mieze, zusammengekauert vor dem Futter, das sie in einer Höllengeschwindigkeit hineinschlang. Mein Eindruck war also richtig gewesen. Sie war richtig ausgehungert! Obgleich mir bewusst war, dass es für sie bestimmt nicht gut war, wenn sie die Portion in einem einzigen Happs hinunterwürgte, ließ ich sie doch gewähren. Wegnehmen hätte ich ihr das Futter sowieso nicht können. Die Erkenntnis, dass ich es besser portionieren hätte sollen, kam mir zu spät. Aber das arme Geschöpf schien es gut zu vertragen, den leeren Magen von

Null auf Hundert in wenigen Momenten zu füllen. Es war aber noch nicht genug. Das erkannte ich unzweifelhaft an ihrem hoffnungsvollen Blick, mit dem sie mich ansah, nachdem sie die Futterspende bis auf den allerletzten Rest gefressen hatte.

Immerhin hatte sich bei mir bereits vorher die Vernunft breit gemacht und ich gab ihr die zweite Portion nicht. Aber was mache ich denn nun mit der Kleinen? Sollte ich etwa einfach weitergehen und morgen wieder nach ihr schauen? Vielleicht war sie eine wildlebende Katze ohne ein Zuhause, dann würde sie sicherlich so clever sein, immer wieder an den Platz zurückzukehren, wo ich ihr das Futter hingestellt hatte. Aber vielleicht war sie tatsächlich eine Freigängerin und gehörte jemandem. In diesem Fall konnte ich sie doch nicht einfach mitnehmen. Aber wie das im Leben halt so ist – denken kann man ja – die Entscheidungen werden dann oftmals anderweitig getroffen. In diesem Fall entschied die Katze, denn sie lief einfach mit, als ich weiterging. Sie folgte mir in das Haus, in dem ich wohnte, wie gesagt, ein Hochhaus. Sie wartete mit mir auf den Aufzug und zögerte nur kurz, als ich den Lift betrat – dann folgte sie mir vertrauensvoll. In meiner Etage angekommen, stieg sie mit mir aus dem Aufzug aus, als ob sie noch nie was anderes gemacht hätte, lief an meiner Seite zu meiner Wohnungstür und schlüpfte in ihr neues Reich in dem Moment, als ich die Tür aufgeschlossen hatte. Das alles tat sie mit einer Selbstverständlichkeit und Furchtlosigkeit, als ob sie schon von Geburt an hier wohnen würde und ich ihr vertrauter Mensch wäre.

Ich holte ein Schälchen aus der Küche, füllte es mit Wasser und stellte es ihr in den Flur. Sofort stürzte sie sich darauf, ein weiteres Zeichen für mich, dass die Kleine draußen wirklich Not gelitten hatte. Jetzt wurde mir aber bewusst, dass ich mich am besten sofort um ein Katzenclo kümmern müsste, wenn ich kein Malheur in Kauf nehmen wollte. Ohne zu wissen, ob das zerfledderte Fellknäuel überhaupt etwas mit einer Katzentoilette anfangen konnte – dieser Gedanke kam mir in diesem Moment gar nicht. In Ermangelung einer katzengerechten Ausrüstung, holte ich aus dem Abstellraum einen großen, runden Blumenuntersetzer und füllte Blumenerde hinein. Eine hilflose Notlösung? Ja, aber für den Moment hatte ich nichts anderes. Um diesen untragbaren Zustand zu ändern, machte ich mich sogleich wieder auf den Weg. Natürlich hatte ich Sorge, dass die zurückgelassene Katze mir bis zu meiner Rückkehr die Wohnung zerlegen könnte. Aber diese Sorge war völlig unbegründet. Als ich nach einer vollen Stunde die Wohnungstür wieder aufschloss, stand sie parat und begrüßte mich mit ihrer markanten Stimme. Ich stellte das gerade erst erstandene Katzenclo in den Flur und noch während ich das Streu einfüllte, sprang sie hinein und benutzte es. Aha, dachte ich mir, sie kennt das also. Vielleicht ist sie doch keine wilde Katze? Vielleicht hatte sie mal ein Zuhause und ist ausgebüxt? Findet nicht mehr heim, oder ist am Ende in ihrer ehemaligen Familie nicht mehr erwünscht? In der Nähe ist die Autobahn, wurde sie vielleicht sogar an einer Raststätte einfach ausgesetzt? Man hört ja von den schlimmsten Geschichten, und alle, wirklich alle, sind mir in diesem Moment eingefallen.

Nachdem die kleine Maus also gefuttert, getrunken und gepinkelt hatte, suchte sich dieses traumhafte Mädchen (hab ich mittlerweile bemerkt, sie war eine weibliche Katze) einen Schlafplatz. Auf dem Sofa natürlich. Eigentlich wäre es mir lieber gewesen, sie hätte sich mit ihrem straßendreckigem Fell nicht auf mein gepflegtes Velourledersofa gelegt, aber nachdem sie sich augenblicklich zusammengerollt und es sich gemütlich gemacht hatte, wollte ich sie nicht wieder aufscheuchen und sie mit so etwas Profanem wie einer Decke nerven. Ein Kontrollgang durch meine Wohnung zeigte mir, dass nichts kaputt gegangen war während meiner Abwesenheit. Sie hatte nicht einmal das Blumenerde-WC benutzt. Nirgendwo waren Kratzspuren zu sehen und die hastig hineingeschlungene Mahlzeit hatte sie offensichtlich auch gut vertragen und in ihrem Bäuchlein behalten. Braves Mädchen.

Ich nannte sie Bella, denn zweifellos war unter ihrem stumpfen, schmutzigen Fell eine kleine Schönheit versteckt. So war es auch. Zwei Tage brauchte die kleine tapfere Katze, um sich den Straßendreck aus dem Fell zu putzen. Zum Vorschein kam eine zuckersüße, bildschöne kleine Katzendame.

Im Zoohandel hatte ich nicht nur eine Katzentoilette samt Streu erstanden, sondern auch eine Futterschüssel, eine Wasserschale (damit ich mein Kristall schonen konnte) und einen Minikratzbaum gekauft. Außerdem einige Schalen Katzennassfutter und einen Beutel Trockenfutter. Und Leckerlis mussten auch noch mit. Nachdem ich mich bei der Futterauswahl nicht zwischen Huhn, Lachs, Rind oder Forelle entscheiden konnte, kaufte ich eine kleine Auswahl für meinen Pensionsgast. Es sollte ihr an nichts fehlen. Nachdem ich nun zuhause alles ausgepackt hatte, setzte ich mich zu ihr und schaute ihr beim Schlafen zu. Sie war offensichtlich sehr erschöpft und mindestens genauso vertrauensselig, denn als ich ihr beim Schlafen vorsichtig das schmutzige Fell streichelte, zeigte sie mir durch eine leichte Bewegung mit der Schwanzspitze, dass sie mich zwar wahrnahm, dass sie das Ganze momentan aber nicht interessierte. Sie schlief erst einmal.

Nachdem die Erstversorgung bzw. die Erste Hilfe abgeschlossen war, kam ich ins Grübeln. Was ist, wenn sie doch jemandem gehörte? Vielleicht wurde sie in ihrem Zuhause schon schmerzlich vermisst. Andererseits hatte ich keine Suchplakate, Zettel oder Fotos gesehen, an Laternenpfählen, Hauseingängen und an der Pinnwand im Supermarkt – wie es üblich ist, wenn verzweifelte Herrchen und Frauchen nach ihren vermissten Haustieren suchen. Vielleicht war sie aber kilometerweit gelaufen und befand sich fern der Heimat, zu fern, um sinnvolle Suchaktionen zu platzieren. Ich beschloss, gleich am nächsten Tag das Tierheim zu informieren. Außerdem ließ ich mir ebenfalls für den nächsten Wochentag, der Montag, einen Termin beim Tierarzt geben. Ich wollte meine kleine Fundkatze auf einen Chip hin untersuchen lassen. Falls sie registriert sein sollte, würde ich ja schnell ihren Besitzer ausfindig machen können.

Tief in mir drin machte sich allerdings ein Gefühl breit, das ich eigentlich gar nicht zulassen wollte. Wider aller Vernunft, begann ich leise zu hoffen, dass die Such- und Meldeaktion keinen Erfolg bringen werde. Denn dann könnte ich ja in Erwägung ziehen, das Notfellchen zu behalten. Da ich wie schon erwähnt, alles wollte, nur kein Haustier, erschreckte mich der Gedanke mindestens genauso, wie ich irgendwie Hoffnung spürte. Hoffnung für die Kleine und seltsamerweise auch Hoffnung für mich. Ich nahm mir vor, die Entscheidung vom Tierheim abhängig zu machen. Sollte sie gesucht werden, hat sich alles andere ja erledigt. Wurde sie aber nicht, wie sich beim Telefongespräch mit dem Tierheim herausstellte. Ich schickte trotzdem ein Foto per Mail hin, falls die Suchmeldung noch käme.

Beim Tierarzt verhielt sich Bella dann wie eine ganz normale Katze. Zwar ließ sie sich im von der Nachbarin geliehenen Transportkorb ohne Probleme einfangen, und sie behielt sogar relativ die Ruhe, als ich sie, sicher verwahrt, in der Box zur wenige Laufminuten entfernten Tierarztpraxis trug, aber im Sprechzimmer zeigte sie, was sie kann. Nämlich weit springen, schnell laufen, Haken schlagen wie ein Hase, fauchen, kratzen … von Schwäche keine Spur. In ihrer Panik kletterte sie schließlich wieder mein Hosenbein hinauf und als sie ungefähr in Hüfthöhe angekommen war, machte sie einen Satz auf meine Schulter. Oder dorthin, wo sie ungefähr meine Schulter vermutete. Sie krallte sich fest, presste sich an meinen Hals und machte sich so steif, wie sie konnte. Naja, irgendwie schaffte es der Tierarzt, sie in dieser Position zumindest notdürftig zu untersuchen. Nachdem kein Chip auszulesen und auch sonst nichts Auffälliges zu finden war, meinte er, ich solle halt in ein paar Wochen nochmal kommen, dann könne man vielleicht noch intensiver untersuchen. Ansonsten war er der Meinung, die wehrhafte Katze sei bei mir bestens aufgehoben. Eine Suchanfrage gab es bei ihm übrigens auch nicht.

Als wir – Bella und ich – erschöpft und gleichzeitig erleichtert auf dem Heimweg waren, beschloss ich, sie zu behalten.

Leider dauerte unser Glück nur eine knappe Woche.

Der rechtmäßige Besitzer begann irgendwann dann doch, nach ihr zu suchen. Er rief beim Tierheim an, die Mitarbeiter dort erinnerten sich an meinen Anruf und die Mail mit Foto, der Besitzer erkannte seine Katze wieder. Das war´s. Er behauptete, dass er sofort nach ihrem Verschwinden begonnen hat, sie zu suchen. Ich glaube nicht, dass sie tatsächlich erst am selben Tag, als sie mir zugelaufen war, von ihrem Zuhause ausgebüxt war. Dafür war sie zu abgemagert und schon zu sehr Straßenkatze, als ich sie fand. Wie dem auch sei, ich musste sie ziehen lassen. Ihr letzter Blick an mich beim Abschied geht mir immer noch in der Erinnerung durch Mark und Bein und treibt mir die Tränen in die Augen.

Ich wollte sie nicht gehen lassen und ich hatte den Eindruck, dass auch sie gerne bei mir geblieben wäre. Jedenfalls hat sie keinerlei Reaktion gezeigt, als sie ihren „alten" Menschen wiedersah. Sie hatte aber auch keine Angst und zeigte auch sonst keine Abwehrreaktion, das muss ich der Ehrlichkeit halber auch sagen. Und der junge Mann weinte ein paar Tränchen vor Erleichterung, als er seinen Schatz wohlbehalten bei mir vorfand. Obwohl ich mir keine Chancen ausrechnete, versuchte ich es trotzdem. Ich machte ihm ein Angebot, das ich hier besser nicht zitiere, denn sonst hält man mich für komplett verrückt. Der Preis, den ich für eine ganz normale Hauskatze bot, wäre jeder Edelzuchtkatze würdig gewesen. Aber wie zu erwarten war, natürlich verkaufte er seine Katze nicht. Hätte ich ja auch nicht gemacht. Er nahm sie mit.

Das war also die Geschichte vom kurzen Glück mit Bella. Vielleicht war es doch eine wohlmeinende Idee des Schicksals, sie für eine knappe Woche zu mir in Pension zu schicken, denn mein Vorsatz, ohne Haustiere zu leben, hatte sich in Luft aufgelöst. 5 Wochen nach Bella zog Isa bei mir ein. Aber das ist wieder eine andere Katzengeschichte. Isa mag den kleinen Kratzbaum nicht. Sie hat allerdings genug Alternativen. Ich behalte den Minikratzbaum aber trotzdem, denn er ist für mich ein wertvolles Erinnerungsstück an eine kleine Seele, die mir gerade im richtigen Moment geschickt wurde.

In Erinnerung an Cilli, 97 Jahre

Siebenundneunzig Jahre bist du alt geworden. 1908 geboren – 2005 gestorben. Siebenundneunzig Jahre Leben hast du hinter dich gebracht, und als du mir davon erzähltest, warst du in deinem 98. Jahr. Ich bin deine Enkelin, bzw. die Exfrau deines Enkels. Ein solches Verwandtschaftsverhältnis nennt man wahrscheinlich „Ex-Schwiegerenkelin", falls es dafür überhaupt eine offizielle Bezeichnung gibt. Was zählt ist: Ich durfte mit dir die letzten Monate deines Lebens verbringen. Dafür bin ich so dankbar, obwohl es mich auch oft an meine Grenzen gebracht hat. Dennoch hat mir diese Zeit, die Zeit vor deinem Tod, so viel für mein eigenes Leben gebracht, dass ich keinen Augenblick lang bereue, mich darauf eingelassen zu haben, dich bis zum Schluss zu begleiten.

In vielen Gesprächen hast du dein Leben in Worte gefasst. Du hast mir alles erzählt, was du erlebt hast. Das war deine ganz eigene Art, dich auf deinen Tod vorzubereiten. Du hast alles ausgesprochen, was geschehen ist, was dich berührt hat, was dich geängstigt hat und was dich verletzt hat. Du hast noch einmal in Worten ausgedrückt, was dich glücklich gemacht hat, welche Sehnsüchte du hattest und welche davon erfüllt wurden. In vielen Stunden, in denen wir in deiner kleinen Wohnung zusammen gesessen haben, hast du dir alles von der Seele geredet. 97 Jahre sind lang, es ist viel passiert in deinem Leben. 97 Jahre können aber auch zu kurz sein, wenn es ungelöste Probleme gibt, für deren Lösung die Zeit nicht mehr reicht. Ich war gekommen, um dir zur Seite zu stehen, und hatte dabei die Planung und Organisation deiner letzten Monate oder Jahre im Sinn. Aber ich wurde zu deiner Beichtmutter, zu deinem Spiegel, zu deinem Halt in der allerletzten Phase deines Lebens. Das hätte mich beinahe überfordert.

Als ich Ende der Siebziger deinen Enkelsohn geheiratet habe, warst du siebzig Jahre alt. Nur wenige Wochen vorher warst du Witwe geworden. Und als ob das an Schmerz und Trauer noch nicht reichen würde, musstest du nur zehn Wochen später wieder einen schweren Gang zum Friedhof antreten, denn dein Sohn – mein Schwiegervater – war gestorben. Innerhalb von zehn Wochen hast du deinen Mann und deinen Sohn verloren. Wie viel Schmerz kann eine Ehefrau und Mutter ertragen? Diese Wochen und Monate waren eine aufwühlende Zeit für die ganze Familie, auch für uns Jungen. Nicht nur für die Alten. Mein Mann hatte seinen Vater verloren, meine Schwiegermutter ihren Mann, dazwischen Hochzeit und der Start des gemeinsamen Lebens von deinem Enkel und mir. Keiner hatte Zeit für dich. Keiner von uns dachte daran, dass du es warst, die es in dieser Zeit am allerschwersten von uns allen hatte. Du bist mit deinem Kummer und mit deinem Schmerz und auch mit deinen Ängsten alleine geblieben. Aber es war nicht nur unser Unvermögen und unser Egoismus daran schuld, dass wir nichts davon merkten, wie es dir wirklich ging. Es war auch deine Stärke und deine Unbeugsamkeit, die man auch mit Härte oder Kälte verwechseln hätte können, durch die man dir fast nichts anmerkte.

Diese vermeintlich harte Haltung, die auf uns alle kühl und distanziert wirkte, hast du bis zum Ende deines Lebens beibehalten. Das war deine Art, dich vor der Verzweiflung zu schützen, die dich ganz bestimmt überfallen und eingenommen hätte, wenn du nachgegeben hättest.

Mit meiner Trennung von deinem Enkel ging auch der Kontakt zwischen uns beiden Frauen verloren. Erst fünfzehn Jahre später kamen wir wieder zusammen.

Es war Zufall, dass ich nach fünfzehn Jahren auf dich traf. Ich wurde sozusagen mit der Nase auf dich gestoßen, ich konnte dich gar nicht übersehen. Es war, als ob es einfach so sein musste. Du warst Patientin in dem Krankenhaus, in dem ich arbeitete. Wie ich anschließend feststellen musste, warst du in den voran gegangenen Jahren immer wieder mal in unserem Krankenhaus zur Behandlung gewesen, aber bei keinem dieser vorherigen Aufenthalte stolperte ich über dich, so wie dieses Mal. Das heißt, ich stolperte über deine Patientenunterlagen, die über meinen Schreibtisch gingen, wie die aller anderen Patienten. Ich lese die Namen nicht, ich achte nur auf

Zahlen, Krankenkassen, Diagnosen. War es Fügung oder Zufall, warum ich ausgerechnet bei deinen Unterlagen auf den Namen schaute? Ich war erschrocken, meinen Namen zu lesen, der ja schließlich auch deiner war. Dann war ich erstaunt, denn wir hatten so gründlich den Kontakt verloren, dass ich nicht einmal gewusst habe, ob du überhaupt noch auf dieser Erde bist. Immerhin warst du 96 Jahre alt, als ich deine Papiere vor mir liegen sah. An dieser Stelle gab es zwei Möglichkeiten: ich hätte deine Akte einfach zu den anderen legen können. Aber ich reagierte spontan, wählte die zweite Möglichkeit und besuchte dich. Ich traf diese Wahl nicht bewusst, ich ging einfach auf deine Station und betrat dein Zimmer. Wir erkannten uns gegenseitig sofort. Du schautest mich an, als wäre ich eine Erscheinung und deine kleinen Augen wurden groß und rund, als du mich mit einem ungläubigen „Du????" begrüßt hast. Ich setzte mich zu dir und der Bund war geschlossen.

Du wolltest wissen, woher ich denn von deinem Aufenthalt im Krankenhaus wusste, und gleich die zweite Frage an mich war: „Wieso kommst du zu mir?" Ja, warum kam ich zu dir – als ich dein Zimmer betrat, wollte ich dich lediglich besuchen. Ohne jemals wirklich darüber nachgedacht zu haben, war ich der Überzeugung, dass du von deinem jüngeren Sohn und deiner Schwiegertochter betreut wirst oder auch von deinem Enkel – meinem geschiedenen Ehemann. Aber dem war nicht so. Du hattest die letzten Jahre ganz alleine und ohne Unterstützung oder Betreuung gelebt. Das hatte verschiedene Gründe. Das Leben ist nicht immer so, wie wir es uns wünschen. Es macht Kurven, muss Berge überwinden und manche Klippen bleiben unüberwindbar. Ich bin sicher, dass es in jeder Familie solche Klippen gibt.

Nun fand ich dich in einer Situation, wo du nicht mehr in der Lage sein würdest, dein Leben weiterhin alleine zu organisieren. Das wurde mir bei diesem ersten Besuch an deinem Krankenbett schlagartig bewusst. Und eine weitere Erkenntnis machte sich gleich anschließend in meinem Bewusstsein breit: die einzige Person, die hier gefordert ist, bin ich. Ich kann nicht behaupten, dass mich diese Einsicht gefreut hat. Ich war erschrocken, denn ich war nicht darauf eingestellt, die Verantwortung für einen Pflegefall zu übernehmen und überhaupt hatte ich mit der Familie meines ersten Mannes innerlich völlig abgeschlossen.

Ich erlebte diese ersten Tage nach unserem Wiedersehen als ein ständiges Hin und Her meiner eigenen Gefühle. Einerseits war mir klar, dass es geradezu eine menschliche Verpflichtung war, zu helfen. Andererseits spürte ich auch einen inneren Drang, mich einfach wieder aus dem Staub zu machen und der Verantwortung auszuweichen. Letztlich brachten mich dein hilfloser Blick, deine Gebrechlichkeit, deine dünne Stimme, und letztlich deine Frage „kommst du wieder?" dazu, eine Entscheidung zu treffen. Ich hatte deine Ängste und deine Einsamkeit gespürt, und mir wurde klar, dass ich mich kümmern werde. Diesmal war es wirklich eine Entscheidung, die ich bewusst getroffen habe. Ja, ich will. Ja, ich will dir helfen, ich will Essen auf Rädern, ambulante Pflegedienste, die Reinigung deiner Wohnung und Botengänge organisieren. Ja, ich will dir helfen, einen Platz im Pflegeheim zu finden, dich dort anzumelden und den Umzug dorthin zu organisieren. Und – ja, ich will dich begleiten bis zu deinem Tod.

Im Organisieren bin ich gut, das habe ich gelernt, das beherrsche ich. Diese Gewissheit hat mir ein wenig die Angst davor genommen, vor dem, was auf mich zukommen könnte. Schließlich gibt es für alles eine Lösung, und es gibt nichts, was sich nicht durch administratives Handeln regeln lassen könnte. So dachte ich jedenfalls und begann auch gleich mit Überlegungen und Planungen, die ich für notwendig hielt. Ich telefonierte, holte Angebote ein, organisierte eine Putzfrau und vergaß dabei die wichtigste Person mit einzubeziehen, nämlich dich. Du hattest dich dein ganzes Leben lang aus eigener Kraft durchgeschlagen und die letzten Jahre hattest du noch einmal alles an Kraft mobilisiert, was dir möglich war, um dein Leben selbstbestimmt leben zu können. Diese Eigenverantwortung konntest du jetzt nicht einfach so aufgeben. Du warst gezwungen, deine Lebensumstände in fremde Hände – in meine – zu geben, und das ist dir nicht leicht gefallen. Stück für Stück haben wir uns gemeinsam durch die zu bewältigenden Probleme gearbeitet. Dein Körper war schwach, dein Geist war hell. Du wolltest zu allem informiert werden, du wolltest alle deine Entscheidungen selbst treffen und du wolltest auf keinen Fall wie eine hilflose Person behandelt werden. Aber mit jeder Lösung, die wir gemeinsam gefunden haben, und durch welche dir dein Leben ein Stück erleichtert wurde, hast du genau um dieses Stück losgelassen. Du hast die Verantwortung für dich selbst Stück für Stück an mich abgegeben. Mit jeder organisierten Hilfeleistung, die du zugelassen hast, um deinen Alltag leben zu können, bist du selbst innerlich hilfloser geworden. Es war, als wenn du die schwimmende Rettungsinsel, an die du dich im tosenden Ozean geklammert hattest, loslassen würdest, um dich von fremden Händen über Wasser halten zu lassen. Dazu braucht man ein gewisses Urvertrauen, und genau das hattest du niemals. Du hast dich immer nur auf dich selbst verlassen können und jetzt, in der letzten Phase deines langen Lebens musstest du es lernen, dich einem anderen Menschen anzuvertrauen.

Du warst diejenige von uns beiden, die schneller gelernt hat. Ich habe länger gebraucht als du, zu verstehen, dass es nicht damit getan ist, ambulante Hilfsdienste zu organisieren und Anträge bei der Pflegekasse zu stellen. Diese Aufgaben waren zwar weiter immer wieder Thema, denn die stete Veränderung deiner Kräfte erforderte immer wieder eine neuerliche Anpassung an die Gegebenheiten. Aber viel wichtiger war der Dialog, der sich parallel dazu entwickelte. Bei jedem meiner Besuche bei dir beeilten wir uns, alles zu besprechen, was zu regeln war. Denn dann hast du erzählt. Du hast mir dein ganzes Leben erzählt.

Dein Leben wurde schon in den ersten Jahren von Unheil bedroht. 1909 starb deine Mutter, da warst du erst vier Jahre alt. Du wurdest fortan von deiner älteren Schwester groß gezogen, die selbst eigentlich noch ein Kind war. Deine Kindheit war von der Liebe zu deinem Vater geprägt, der sich nach dem Verlust deiner Mutter allerdings selbst immer mehr zurückzog. Trotzdem war er dein Held, dein Rettungsanker, deine Insel im gefährlichen Ozean des Lebens. Es gab auch einen deiner Brüder, zu dem du ein besonders enges Verhältnis hattest. Dieser kam aus dem Ersten Weltkrieg nicht zurück, und so musstest du den nächsten Verlust hinnehmen. Du warst erst 16, als du deinen Mann geheiratet hast. Ob du ihn geliebt hast, habe ich dich gefragt, und ich glaubte die Antwort zu kennen. Aber stattdessen hast du mir geantwortet, dass Liebe ein Luxus war, den du dir nicht erlauben konntest. Deine Schwester, deine Ersatzmutter, wollte nämlich heiraten und du musstest Platz in der Wohnung für den neuen Schwager machen. Du musstest dir sagen lassen, dass für dich kein Platz mehr war. Dein von dir vergötterter Vater hat dir gesagt, du sollst gehen. Man hat dich aus dem Nest geworfen.

Georg, der junge Schneider, hatte sich in dich verliebt und die Familie packte die Gelegenheit am Schopf. Deine Heirat mit ihm war die Lösung für alle Beteiligten. Für dich auch? Du hast keine andere Möglichkeit gesehen, glaubtest, keine Wahl zu haben und hast Ja gesagt.

Mit Georg trat auch dein Schwiegervater in dein Leben, denn auch Georg hatte früh seine Mutter verloren und lebte mit seinem Vater zusammen. Du hattest nun für die beiden Männer zu sorgen. Deine Schwester hatte dir alles gezeigt, was du wissen musstest, um einen Haushalt zu führen, aber du warst erst sechzehn!

Bald musstest du dich auch in die Mutterrolle einleben, denn dein erster Sohn wurde zwei Jahre nach deiner Hochzeit geboren. Das war mein späterer Schwiegervater. Jahre später hast du noch einen Sohn zur Welt gebracht. Die beiden Brüder waren sich von Anfang an fremd, was auch an dem großen Altersunterschied zwischen den beiden lag.

Es folgten Jahre und Jahrzehnte, die von Krieg und Not geprägt waren. Wie dir und deiner Familie ging es fast allen, die du kanntest. Zwei Weltkriege hinterlassen ihre Spuren in jeder Hinsicht. Es ging in erster Linie um das Überleben und um die Organisation der Dinge, die man zum Leben braucht.

Liebe war immer noch ein Luxus, der dir in deiner Ehe versagt blieb. Es war mehr eine Zweckgemeinschaft als eine Lebensgemeinschaft, eine Liebesbeziehung ist es bis zum Ende nicht mehr geworden.

Du musstest erleben, wie sich dein Mann mit anderen Frauen amüsierte. Die Kränkung darüber saß tief. Während der

Kriegsjahre ab 1939 bis 1945 hattest du wie alle anderen Frauen dieser Zeit alle Hände voll damit zu tun, deine Kinder und dich durch die Kriegswirren zu bringen. Als die Lage in deiner Heimatstadt zu unsicher wurde, brachtest du deinen jüngeren Sohn auf das Schutz versprechende Land zu Verwandten. Der Ältere blieb bei dir, und damit war die Grundlage geschaffen für eine niemals endende Rivalität der beiden Brüder. Der Jüngere fühlte sich abgeschoben, der Ältere fühlte sich nicht beschützt genug. Zusammen mit ihm erlebtest du die schlimmste Bombennacht kurz vor Kriegsende in einem Keller, mitten im Inferno und davon überzeugt, dass dies das Ende sei. Weder dein Sohn, der ja später mein Schwiegervater wurde, noch du selbst, habt danach jemals über diese Nacht gesprochen, bis zu jenem Nachmittag in deinem Wohnzimmer, ungefähr zwei Monate vor deinem Tod. Es mussten mehr als 60 Jahre vergehen, bis du darüber reden konntest. Wie über vieles andere, wovon du mir erzählt hast.

Kapitel für Kapitel deines Lebens hast du mir geöffnet und erzählt. Es kam darin auch ein Mann vor, der deine Liebe wurde. Große

Liebesgeschichten verlaufen oft unglücklich, diese eine auch. Diese Liebe hat dich in den ersten Jahren nach Kriegsende so tief getroffen, dass du sogar bereit warst, deinen Mann zu verlassen. Mit deinen Kindern wolltest du dem Mann deines Lebens in dessen Heimatland folgen. Er stammte aus Italien. Alles, was du bisher vermisst hattest, schien er in sich zu vereinen. Er war männlich, strahlte Geborgenheit aus, sprühte aber auch vor Lebensfreude und er liebte dich!

Wie schnell eine solche Liebe auch wieder vorbeigehen kann, musstest du schmerzvoll erfahren. Es war eine bürokratische Formalität, die sich euch in den Weg stellte du musstest erleben, wie dieser Mann, den du so liebtest, dich im Stich lässt. Mitten in der Fremde, fern der Heimat, deine beiden Kinder in deiner Verantwortung – standst du plötzlich alleine da. Spätestens jetzt verankerte sich in dir die Erkenntnis, dass du dich niemals auf einen anderen Menschen verlassen kannst. Diese Situation war aber auch der Moment, in dem sich in dir ein Glaubenssatz fest in der Seele verankerte: Alle Menschen, die ich liebe, verlassen mich auf irgendeine Weise.

Du hast es geschafft, dich wieder zurück in deine Heimatstadt durchzuschlagen, ohne Geld und ohne Papiere, aber mit zwei Kindern. Dein Mann tat dann etwas, wofür ihm Respekt zu zollen ist, denn er hat Größe gezeigt und dich wieder aufgenommen.

Später heirateten deine Söhne und der Jüngere machte es wie du einst wolltest, er folgte seiner Liebe in ein fremdes Land. Der Ältere ließ sich in der näheren Region nieder, aber oft seht ihr euch trotzdem nicht.

Du bekamst nun mit deinem Mann einige Jahre geschenkt, die von gegenseitigem Respekt geprägt sind – wenigstens das. Aber Liebe kommt in eurem Wortschatz und eurer Gefühlswelt nicht mehr vor. Georg erkrankte schließlich und als er im Jahr unserer Hochzeit seiner Krankheit erlag, war ich bei dir. War das auch schon ein Zufall, dass dein Enkel und ich gerade bei euch waren, als Georg seinen letzten Atemzug machte?

Du warst 70 Jahre alt, als du Witwe wurdest. Die Wohnverhältnisse waren schwierig, die finanziellen Verhältnisse noch schwieriger. Es stellte sich heraus, dass Georg seinen Worten Taten folgen ließ, als er einmal bemerkt hatte, seine Frau brauche nicht versorgt zu werden, sie schlage sich schon durch. War das die späte Rache für deine versuchte Flucht in ein neues Leben mit einem anderen Mann? Nun musstest du dich also durchschlagen. Jetzt ist es ein Vorteil, dass du die vorherigen Jahrzehnte viel von deinem Ehemann gelernt hast. Du hattest zwar keine Schneiderlehre absolviert, aber du konntest den damals bestehenden Kundenkreis deines Mannes mit Änderungswünschen bedienen. Mit diesem Zusatzverdienst konntest du dich über Wasser halten und für etliche Jahre konntest du noch zusätzlich in einer Behörde als Reinigungskraft tätig sein.. Du hast gearbeitet bis es wirklich nicht mehr ging, und als es so weit war, warst du schon um die 90 Jahre alt. Von deiner kärglichen eigenen Rente und der geringen Witwenrente musstest du nun leben, und wie du das gemacht hast, ist mir heute noch ein Rätsel.

Während du mir episodenweise dein Leben erzählt hast, kam ich dir immer näher.

Ich verstand auf einmal, warum du dich so sehr dagegen wehrtest, dass dir jemand die Verantwortung für dich abnimmt, denn damit hast du in deinem Leben immer nur die schlechtesten Erfahrungen gemacht. Mir wurde aber auch klar, dass du eine lebhafte, sensible und liebesfähige Frau bist. Je tiefer du mich in deine Seele hast schauen lassen, umso deutlicher hat sich mir eine Frau gezeigt, die Härte und Kälte vorschiebt, damit man nicht den verletzlichen Teil ihres Seins entdeckt. Jetzt, am Ende deines Lebens, hast du dich getraut und hast deine Seele in all ihrer Verletzlichkeit gezeigt. Und plötzlich wurde mir klar, dass du sterben wirst, sobald du mit deiner Geschichte fertig bist. Das ist im doppelten Sinn zu verstehen. Mit der eigenen Geschichte fertig zu sein, bedeutet auch, sich mit dem eigenen Schicksal auszusöhnen. Das Erzählen bedeutet aber auch, das eigene Sein für diese Welt noch einmal zu rechtfertigen. Ich hatte mehr und mehr das Gefühl, dass du dein Selbstverständnis und dein Selbstbewusstsein dadurch stärktest, indem du dein Leben formuliertest und es einem Menschen erzählt hast, der nach deinem Tod noch auf dieser Erde leben wird. Dein Leben ist nun in meiner Erinnerung und du hast auf dieser Welt einen Menschen zurückgelassen, der deine gesamte Geschichte kennt. Auf diese Weise hast du einen Teil von dir zurückgelassen.

Die unzähligen Stunden, in denen wir mit Tee und Keksen beieinander saßen und dein Leben Revue passieren ließen, hatten für mich alles andere als die ungezwungene Atmosphäre eines gemütlichen Kaffeekränzchens. Es war physisch und psychisch für mich anstrengend, dir zuzuhören, und dabei deine Emotionen an mich heranzulassen. Während der gesamten Zeit kam ich immer wieder an den Punkt, an dem ich glaubte, nicht mehr mitspielen zu wollen. Ich war an der Gefühlswelt deiner Vergangenheit in der jetzigen Gegenwart so sehr beteiligt, dass ich sie förmlich selbst spürte. Gleichzeitig nahm ich deinen körperlichen Verfall wahr, bewunderte aber auch die oft zitierte Schönheit des Alters. Du warst am Ende eine hinfällige Greisin, 97-jährig, krank und gebrechlich. Aber deine lebhaften Augen, dein runzliges Gesicht, in dem die Lachfalten dominierten, und deine sture Wachheit des Geistes faszinierten mich bis zu deiner letzten Stunde. In den letzten Wochen wich das Leben häppchenweise aus dir, und man sah dir das auch an. Aber niemals hast du so ausgesehen, dass man dich nicht gerne angeschaut hätte. Deine Haare waren schneeweiß und schulterlang. Sie waren auch dünn und man konnte die Kopfhaut durchsehen. Bis ca. 3 Jahre vor deinem Tod hast du eine Perücke getragen, bis du erst in den letzten Jahren den Mut hattest, deine Haare schön zu finden, wie sie waren. Es hat dir gefallen, wenn ich dir die Haare gemacht habe, während du mir wieder ein Stück weiter erzählt hast. Ich sollte dich dann kämmen und frisieren, die Haare mal flechten und ein anderes Mal hochstecken. Du hast dich dabei im Spiegel betrachtet und dich schön gefunden. Deine Augen waren es, die mich schon beim ersten Wiedersehen mit ihrem wachen Blick gefesselt haben. Aber nun, Monate später, fesselten sie mich aus einem anderen Grund, denn eines der Augen wechselte die Farbe. Du hattest immer grüne Augen mit braunen sternförmigen Punkten. Die letzten Monate hattest du ein grünes und ein blaues Auge. Wir haben beide darüber gelacht, du hast immer gesagt, das sei jetzt der letzte Beweis dafür, dass du eben was Besonderes bist.

Es war oft mit Mühsal und Plage verbunden, die Veränderungen deines Körpers hinzunehmen. Aber gleichzeitig war es für mich fast wie ein Abenteuer, gerade diese Veränderungen zu beobachten. Wir haben diese Entwicklung oft zusammen besprochen und diskutiert, denn du warst von ihnen genauso fasziniert. Du hast dich selbst ebenso aufmerksam in deinem langen Sterbeprozess beobachtet, wie ich dich. Dank deines wachen Geistes konntest du deinen jeweils aktuellen Zustand ziemlich treffsicher analysieren. Ob du wusstest, dass dir nicht mehr viel Zeit blieb, oder ob das Ende deshalb leichter wurde, weil du mit deiner Geschichte fertig wurdest, ist unwichtig. Der Nachmittag, an dem du mir erklärt hast, dass deine letzten Jahre die glücklichsten in deinem ganzen Leben waren, war einer der letzten, den wir zusammen verbrachten. Du hast dir überlegt, ob das vielleicht der Sinn deines langen Lebens war, dass du die Sorglosigkeit der letzten Jahre erleben durftest. Du hast mir erzählt, dass du dich in deiner Wohnung so glücklich gefühlt hast, dass du den Luxus einer Zentralheizung für etwas ganz Außergewöhnliches gehalten hast und dass du gelernt hast, dass du mit dir selbst, also ganz alleine, am glücklichsten sein konntest.

Du bist im Krankenhaus gestorben, und zwar so, wie du die letzten Jahrzehnte gelebt hast, nämlich alleine. Am Nachmittag war ich noch bei dir gewesen und du warst gewohnt wach im Geist. Schon einige Wochen vorher hast du mir exakte Anweisungen gegeben, wie deine Beerdigung auszusehen hat. Auch wie und wo du beerdigt werden willst, hattest du mir gesagt. Wir haben uns auch darüber unterhalten, wie du wohl einst sterben würdest. Du hattest anfänglich Angst vor dem Sterben, aber mit der Zeit hast du diese Angst verloren. Der Tod kommt unausweichlich, das war dir klar, und das hast du auch so formuliert. Es war dir wichtig, mir zwei Versprechen abzunehmen. Ich sollte mich um deine Beerdigung kümmern und deine Wohnung auflösen. Du wolltest diese Erde in geordneten Bahnen und in geordneten Verhältnissen verlassen. Die Gewissheit darüber hat dir Ängste genommen – und mir welche beschert. Die Wohnung aufzulösen und die Beerdigung zu organisieren, waren dabei die geringsten Probleme. Da konnte ich ja wieder organisieren und planen.

Aber den Moment, in dem der Tod eintreten würde, den habe ich gefürchtet. Als dann aber deine Geschichte fertig erzählt war, wusste ich genauso wie du, dass jetzt alles in Ordnung war. Ich konnte deinen Tod nun als etwas erwarten, was der Geschichte einen logischen Abschluss bescherte. Ich habe nur gehofft, dass Leiden und Schmerzen ausbleiben mögen, und so kam es dann ja auch. Als der Anruf aus dem Krankenhaus am nächsten Morgen nach deinem Tod in der Nacht kam, war ich zwar traurig, aber ich wusste ja, dass du selbst deinem Tod nicht mehr ausweichen wolltest.

Es ist alles so abgewickelt worden, wie du es dir gewünscht hast, mit einer Ausnahme. Ich habe deine Beerdigung ein ganzes Stück festlicher gestaltet, als du es mir in deiner Bescheidenheit vorgegeben hast. Ich konnte es nicht für richtig halten, dass dein Tod nicht würdig begangen werden sollte. Mit der Feierlichkeit der Beerdigung sollte der Welt noch einmal deutlich gezeigt werden: Dein Leben hat Spuren hinterlassen.

Über die Autorin

Seit der Hauptberuf im öffentlichen Dienst/Sozial- und Gesundheitswesen in die wohl verdiente Pension geschickt wurde, konzentriert sie sich auf das Verfassen von Romanen, Kurzgeschichten und Ratgebern.

Ihre Inspiration findet sie im richtigen Leben. Wer nach Geschichten sucht, die unbedingt erzählt werden müssen, braucht sich nur in seiner unmittelbaren Umgebung umschauen und umhören. Dort passieren nämlich jeden Tag und jede Nacht unglaubliche Dinge, die sich kein noch so begabter Autor bzw. Autorin einfallen lassen könnte. Emmi Schneider interessiert sich dafür, wie Frauen und Männer in jedem Lebensalter ticken, wie sie mit Herausforderungen umgehen und auf Veränderungen reagieren. Und manchmal sind es auch eigene Erlebnisse oder Phantasien, die in ihre Geschichten einfließen.

Infos und Kontakt zur Autorin und ihre Veröf-
fentlichungen:

www.schneiderschreibt.de

mail@schneiderschreibt.de

Zeitfracht Medien GmbH
Ferdinand-Jühlke-Straße 7
99095 Erfurt, Deutschland
produktsicherheit@kolibri360.de